Besiege Deine Angst!

Lisa Jiménez, M.Ed.

Lisa Jiménez

Besiege Deine Angst!

ISBN 978-3-902114-78-5

Titel der amerikanischen Originalausgabe:
"Stop Defeating Yourself-End Self-Sabotage with Conquer Fear!"

Deutsche Erstausgabe 2009

Herausgegeben von:
Life Success Media GmbH

6020 Innsbruck, Austria
www.lifesuccessmedia.com
www.mlm-training.com

Gedruckt in der Europäischen Union

Was über „Besiege Deine Angst!" gesagt wird

„Lisa Jiménez verdient für das Schreiben dieses Buches eine Medaille. Es wird Millionen von Menschen aus ihrem selbstgeschaffenen Gefängnis befreien. Wenn Sie Ihr Einkommen vervielfachen wollen und beginnen möchten, eine Dimension von Freude zu genießen, die all Ihre Vorstellungen übertrifft – dann verschlingen Sie dieses großartige Buch! Ich habe die ersten hundert Exemplare direkt von der Druckerei für meine Familie und Freunde bestellt."

– **Bob Proctor,** Autor von *Erkenne den Reichtum in Dir,*
Chairman von LifeSuccess Productions

„Lisa führt Sie durch eine Selbstprüfung, damit Sie genau jene Dinge überwinden, die Sie daran hindern, die Segnungen Ihrer gottgegebenen Talente zu genießen. Das Kapitel über Vertrauen hat mir geholfen, meine Ziele als Tupperware-Managerin zu erreichen. Lernen Sie, Ihre Ängste durch einige sehr geeignete Maßnahmen in Lisas neuestem Buch *Besiege Deine Angst!* zu überwinden."

– **Pam Burks-Losey,** Tupperware-Managerin

„Lisas Buch ist befreiend! Wenn Sie bereit sind, sich Ihren Ängsten zu stellen und die Überzeugungen, die Sie behindern, zu überdenken, dann lesen Sie dieses Buch!“

– **Tarnesia Gardener**, Ehefrau und Mutter

„Dies ist ein hervorragendes Buch, das Ihnen hilft, mehr zu sein, mehr zu tun und mehr zu haben. Überwinden Sie Ihre Angst und heißen Sie Erfolg, Glück und Erfüllung mit Lisas Buch willkommen! Lesen Sie es, profitieren Sie davon, genießen Sie es.“

–Nido R. Qubein, Chairman Creative Services, Inc.

„Gibt es irgend jemanden, der keine Angst besiegen muss? Jiménez gibt hilfreiche Einsichten zu einer zeitgemäßen Thematik im Zeitalter des elektronischen Handels, wo jeder Tag eine neue Herausforderung bringt.“

– **Dianna Booher,** Autorin von
Communicate with Confidence, E-Writing und *Well Connected*

„Es ist ohne Bedeutung, wie geschickt Sie sind, wie viele Titel Sie haben oder wie viel Geld Sie verdienen. Wir alle haben Ängste, die uns hinderlich sind. Lisas Buch *Besiege Deine Angst!* ist Ihr Durchbruch, all Ihre Ängste zu besiegen!“

– **Juanell Teague,** Präsident von People Plus

„Lassen Sie nicht zu, dass Angst Sie daran hindert, Ihr Leben voll auszukosten! Lesen Sie dieses Buch und gewinnen Sie jene Einsichten, mit deren Hilfe Sie über einen Ihrer größten Feinde triumphieren werden!“

– **Mark Sanborn,** Sandborn & Associates, Inc.

„Ich habe erlebt, was Lisa beschreibt, daher weiß ich: Wenn Sie Ihren Prinzipien und klugen Einsichten folgen, werden auch Sie sich selbst überraschen! Wenn Sie dieses Buch lesen, dann gewinnen Sie das Vertrauen und den Mut, sich mit Ihrer Angst anzufreunden und werden ein besseres Leben führen."

– **Rosita Perez,** Creative Living Programs Inc.

„Wir alle haben Ängste, die uns zurückhalten. Lisas Buch *Besiege Deine Angst!* ist Ihr Durchbruch, letztendlich all Ihre Ängste zu besiegen."

– **Daryl Gardener,** Miami Dolphins

„Ich kann Ihnen dieses Buch nur wärmstens empfehlen. Wenn Sie die Grundsätze und Methoden in diesem Buch übernehmen, können Sie Ihr Leben zum Besseren verändern. Lisa zeigt klar und deutlich auf, wie uns ein auf Vertrauen basiertes und an Gott ausgerichtetes Leben all jene Belohnungen und Reichtümer bieten wird, die Er für jeden von uns bereit hält."

– **Michael Going,** SVP, ANC Rental Corporation
(Präsident von Alamo Rental)

„Nachhaltige Motivation muss aus unserem Inneren kommen und ist das Ergebnis eines positiven Glaubenssystems. Lisa erläutert das in ihrem Buch und Sie hat unserer Verkaufsmannschaft gezeigt, wie man selbstzerstörerische Vorstellungen erkennt und in eine zuversichtliche Gemütsverfassung umwandelt. Ich bin mir sicher, dass dieses Buch die Lektionen, die unsere Belegschaft in ihren Seminaren gelernt hat festigen und die positiven Effekte verstärken wird."

– **Gary Peters,** Präsident der La Sal National Bank

„Dieses Buch sollte für jeden, der im Direktvertrieb arbeitet, zur Pflichtlektüre gehören. Lisa packt unsere Ängste an der Wurzel – und zeigt, wie sie zu überwinden sind!"

– **Randy Gage,** Autor von *How to Build a Multi-Level Money Machine*

„In diesem Buch steckt so viel kraftvolle Information. Es hat mir die Augen für ein ganz neues Denken geöffnet. Es hat wirklich mein Leben verändert und mein Vertrauen erneuert."

– **Charles Goubert,** Excel Communications

„Endlich ist meine Suche vorüber! Dies ist ein umfassender und vollständiger Plan, der entscheidende RESULTATE mir selbst und den Leuten in meinem Team gebracht hat. Ich habe die beschriebenen Methoden umgehend umgesetzt und bereits eine echte Führungspersönlichkeit rekrutiert!

Dieses Buch ist GOLDES WERT, EINE WAHRE KOSTBARKEIT."

– **Sherry Cantua,** TeleWrx Senior Marketing Director

„Fantastisch! Dieses Buch ist ein Juwel! Es geht ans Eingemachte. Es trifft dich wie ein Hammerschlag, aber Lisa sagt die Wahrheit auf eine Weise, wie ich sie noch nie vorher gehört habe."

– **Dr. Beverly Kurtin**

„Dieses Buch trifft den Nagel auf den Kopf! Ich habe es in vielen Bereichen meines Lebens eingesetzt – nicht nur geschäftlich – und ich habe unglaubliche Ergebnisse gesehen."

– **Laura Miller,** Creative Memories Senior Unit Leader

„Dieses Buch hat mich befreit! Ich konnte es nicht fassen, wie sehr ich mich im Kapitel über falsche Überzeugungen wiedergefunden habe. Lesen Sie dieses erstaunliche Buch und befreien Sie sich endlich von den Beschränkungen, die Sie zurückhalten!"

– **Joyce Thomas,** The Jade Company

Widmung

Ich stand in der Lobby des Marriott Hotels in San Francisco und unterhielt mich mit meinem Freund Lee Glickstein, als ein reizendes zweijähriges Mädchen vorbeihüpfte, seine Mutter immer dicht dahinter. Wir konnten in den Augen des Kindes die Aufregung und das Vergnügen sehen, während es im Raum umherrannte, glücklich jauchzte und jede Sekunde dieses herrlichen Abenteuers auskostete.

Nachdem wir eine Weile schweigend zugesehen hatten, drehte sich Lee zu mir um und sagte: „Lisa, das kleine Mädchen bist du, platzend vor Begeisterung und das Prickeln des Lebens entdeckend!"

Lee hatte Recht. Dieses kleine Mädchen erinnerte mich an mich selbst – mit einer Ausnahme, meine Mutter war nicht derart überfürsorglich, als ich gerade in die Fülle des Lebens eintauchte. Nein, sie wäre mit einem bestätigenden Lächeln auf ihrem lieben Gesicht mitten drin gestanden und hätte mich einfach gewähren lassen.

Darum ist dieses Buch meiner Mom, Helen Kelly gewidmet.Danke, dass du mich immer hast gehen und wachsen lassen, dafür, dass du Zuversicht und Vertrauen hattest, dass ich meinen Weg machen werde.

Von dem Zeitpunkt an, als du und Dad mich nach Mittelamerika habt gehen lassen, mit elf Jahren. Diese drei Monate in einer anderen Kultur haben mir eine unbezahlbare Erfahrung beschert, die mir geholfen hat, die wunderbare Verschiedenheit der Menschen schätzen zu lernen und zu erkennen, wie viel Farbe diese Unterschiede ins Leben bringen!

Wer hätte gedacht, dass ich als Erwachsene auf der ganzen Welt über genau dieses Thema sprechen würde... bis zu der Zeit, als du (mit einigem Zögern) meine verrückte Idee unterstützt hast, mein erstes Jahr an der Universität abzubrechen und gerade achtzehn Jahre alt, nach Hawaii zu ziehen.

Das Abenteuer lehrte mich – mit großer Überzeugung – dass Gott einen besonderen Plan für mich hat und immer für mich sorgen wird. Seine Wahl des richtigen Zeitpunkts und seine Fürsorge sind alles, was ich brauche.

Wer hätte gedacht, dass ich eines Tages meinen Doktor machen und anderen helfen würde, ihr Vertrauen zu entwickeln und Gott zu lieben ... bis zu meinem Hochzeitstag, als ich vor den Altar trat und einige Stunden später das Flugzeug bestieg, um mein neues Leben mit Mark in Florida zu beginnen – 3000 Meilen von dir und Dad entfernt.

Wer hätte gedacht, dass wir uns in Florida ein Leben aufbauen würden, das wir lieben und dass unser Zuhause ein Platz sein würde, an dem du und Dad zum Vergnügen in die Sonne Floridas kommt!

Erst nachdem ich selber drei Kinder hatte, wurde mir klar, wie viel du für mich getan hast, als du mir das wunderschöne Geschenk der Freiheit gemacht hast.

Danke, dass du mich zu dem Menschen werden ließest, für den Gott mich ausersehen hat. Du bist mein kostbarster Segen. Ich liebe Dich.

Deine Tochter

Lisa

Inhaltsverzeichnis

„Zu lieben und geliebt zu werden ist die Sonne von beiden Seiten zu fühlen."

– David Viscott, M.D.

„Du musst die Dinge tun, von denen du denkst, dass du sie nicht kannst."

– Eleanor Roosevelt

Danksagung

Alles, was ich jemals in meinem Leben getan habe, worauf ich wirklich stolz bin, geschah, weil viele wunderbare Menschen da waren um zu helfen. Ich danke jedem von Euch für seine Unterstützung, seinen Glauben und seine Liebe.

An meinen früheren Ehemann und Vater meiner Kinder, Mark Jiménez:
Ich bin glücklich, 18 Jahre deine Frau gewesen zu sein. Vielen Dank, dass du ein Teil meines Lebens warst.

An meine Kinder:
Auriana, Beau und Connor, ihr gabt mir die unglaubliche Motivation, konzentriert und begeistert an diesem Buchprojekt zu bleiben, besonders jedes Mal, wenn wir in die Buchhandlung gegangen sind und ihr zur Bestsellerliste gelaufen seid, alle Titel durchgeschaut und gerufen habt: „Mama, Du bist noch nicht auf der Liste!" Ich bin so glücklich, dass Gott mich gewählt hat, Eure Mutter zu sein.

An die Nationale Rednervereinigung und die Rednervereinigung von Florida:
Es gefällt mir, Mitglied zu sein, die Tagungen zu besuchen und so großartige Freundschaften aufzubauen. Euretwegen habe ich

meine Berufung gefunden und mache das, was ich gerne mache. Danke für euer hervorragendes Beispiel.

An meine Mastermind-Gruppe „The Circle":

Brad Johnson, Steve Siebold, Tom Welch, Randy Gage. Ich danke euch sehr für eure genialen Ideen und die Motivation, die ihr mir für dieses Buchprojekt gegeben habt. Der Gesichtspunkt der Verantwortlichkeit in unserer Gruppe hat einen besseren Menschen aus mir gemacht. Die Luft knistert, wenn wir zusammen sind! Ihr seid spitzenmäßig! Dieser Gruppe beizutreten ist das Beste, was ich für meine Karriere seit dem Beitritt zur NSA (National Speakers Association) getan habe. Ich bin so froh, dass ihr alle Teil meines Lebens seid.

An meinen Bibel-Kreis:

Suzanne Comparato, Nancy Doran, Chickie Alexander, Elizabeth Craig, Carla Gates, Nancy Cooke, Laurie Gutches, Gail Howe, Aneria Jackowitz, Kathy Johnson, Beth O´Donoghue, Andrea Taylor, Margie Vermillion, Sandy Martin, Sansy Sheehy und unsere Lehrerin Linda: Mit euch allen das Wort Gottes zu studieren, ist mit Abstand das Wichtigste in meinem Leben. Danke, dass ihr so ehrlich für dieses Buchprojekt gebetet habt. Zu sehen, wie Gott die Gebete, die wir an ihn gerichtet haben, beantwortet, hat meinen Glauben mehr gestärkt als ich mit Worten sagen kann. Ihr Ladies seid wahre Christinnen.

An Donna Sandberg:

Jedes Mal, wenn ich mit dir Zeit verbringe, weiß ich, dass mein Leben bereichert wird. Dein Glaube an dieses Projekt machte es mir möglich dranzubleiben. Du und Lauren seid meine Lieblingsferienkumpel.

An die wunderbaren Freunde und Angehörigen, die meinen Blick geschärft hielten, indem sie immer fragten, wie ich mit dem Buch vorankomme:

Leslie Buterin, Kristin Grassi, Sharon Menzel, Teri Knight, Charlotte Thornton, Cori Crismon und die „anderen Muttis“: Gerri Emmets, Gail Howe, Cecilia Peters, Diane Stoller und Theama Grimm.

An Randy Gage:

Du warst der Mensch, der Erfolg in mir gesehen hat, bevor ich ihn selbst sehen konnte. Du warst derjenige, der mir meine erste große Arbeitspause im Reden erteilt hat. Du warst derjenige, der meinen Bucheinband, meinen Katalog und meine Marketingunterlagen entworfen hat. Du warst derjenige ... Wie hast du das gemacht?! Deine brillanten Marketingkenntnisse und deine Bereitschaft zu teilen, sind überwältigend. Darüber hinaus schätze ich jedoch am meisten deine wertvolle Freundschaft. Ich mag es, dass du immer das Beste aus mir herauszuholen scheinst. Ich bin ein besserer Mensch, weil ich dich kenne.

An Dee Robertson:

Dein Arbeitsaufwand für dieses Buch ist ein Geschenk, für jeden Menschen, der es liest.

An Vicki McCown:

Du hast mir bei diesem Projekt geholfen, meine Ansprüche nach oben zu schrauben. Deine fachliche Kompetenz war ausschlaggebend dafür, dass eine qualitativ hochwertige Arbeit entstanden ist.

An Michael Rosen bei Sheridan Books:

Du hattest großen Anteil daran, dass aus meinem Manuskript ein veröffentlichtes Buch geworden ist. Danke für alles, was du getan hast, um meinen Traum Wirklichkeit werden zu lassen!

An meine Mentoren:

Pastor Mike Potts, die spirituelle Weisheit, die ich in Ihren wöchentlichen Predigten erfahre, hat mir geholfen ein besserer Mensch zu werden. Es ist offenkundig, dass Ihre Worte salbend wirken und Ihr Leben einen Mann widerspiegelt, der Jesus, unserem Herrn nahe steht. Danke für Ihre Unterstützung bei diesem Buchprojekt und Ihren weisen Rat. Dr. Dale Goodman danke ich für die Beratung und das Gebet für dieses Projekt. Das Vertrauen, das Sie in mich gesetzt haben, hat mich in Höhen gehoben, von denen ich nicht wusste, dass es sie gibt! Es ist ein Segen, Sie meinen Pastor und Freund nennen zu dürfen.

An meine Geschwister Renee, Chuck und Scott:

Mit jedem von euch aufzuwachsen war ein Privileg. Ihr habt mich etwas Wertvolles gelehrt, das ist ein Teil dessen, was ich heute bin. Renee, du hast mich gelehrt, auf Details zu achten und den Wert von Organisation im Leben erkennen. Chuck, du hast mich Gottvertrauen und den in Ihm begründeten großartigen Sinn für Humor gelehrt. Scott, du hast mich gelehrt, mit Freude zu sein, wer man wirklich ist und das zu tun, was man im Leben wirklich gerne tut. Danke Scott, für alles, was du für mich tust!

Lisa

„Das Leben ist wie Fahrrad fahren. Du fällst nicht herunter, es sei denn, du hörst auf zu treten."

– Claude Pepper

Einleitung

Besiege Deine Angst!

Verzögerung und Selbstsabotage beenden, damit Sie erreichen, was Sie wirklich wollen

Zwei Männer melden sich zu einem Kurs zum Thema „Zielsetzung“ an. Der erste Mann setzt das Gelernte ein, um seine Ziele zu erreichen; der zweite nicht. Stattdessen lässt er zu, dass Angst, Zeitmangel, Verschleppung und Selbstsabotage seine Bemühungen zerstören, irgendwann das zu schaffen, was er, wie er sagt, will.

Dieses Dilemma – und meine Erfahrungen damit, sowohl in meinem beruflichen wie auch in meinem privaten Leben – haben mich dazu veranlasst, dieses Buch und das Programm *Besiege Deine Angst!* zu schreiben.

Eine der größten Barrieren, die jeder im Verkauf Tätige überwinden muss, ist die Angst. Angst vor Versagen. Angst vor Zurückweisung. Angst vor Veränderung. Angst vor Erfolg. Angst, Entscheidungen zu treffen. Angst vor Verantwortung. Angst vor Verpflichtung. Es ist die Angst (und all ihre Verwandten wie Sorgen, Ängstlichkeit, Depression und Selbstzweifel), die aus Ihrem Traum vom Erfolg einen abschreckenden Albtraum macht, der Sie in Lähmung versetzt.

Aber es gibt Hoffnung! Dieses Buch ist Ihr praxisnaher Aktionsplan, der Sie dazu befähigt, sich mit Ihrer Angst anzufreunden, begrenzenden Glauben zu durchbrechen und Sie befreit, damit Sie Ihren Erfolg aufbauen und das Leben führen können, das Sie möchten!

In diesem Buch werden Sie erfahren, warum positives Denken allein nicht genügt, um mit dauerhaftem Mut und ständiger Konzentration auf Ihr Ziel zuzugehen. Die Psychologie des Erfolges wird Ihnen wichtige Erkenntnisse über Ihr eigenes Verhalten liefern. Sie werden verstehen, warum Sie tun, was Sie tun. Wenn Sie die Veranschaulichungstechniken in der Praxis anwenden, können Sie Ihre Gedanken trainieren, so dass eine nicht aufzuhaltende Eigendynamik entsteht.

Es gibt ein fehlendes Glied ... Die meisten Bücher und Kurse über dieses Thema befassen sich nur mit dem psychologischen Aspekt von Angst und lassen den zweiten wichtigen Teil außer Acht. Das fehlende Glied, das berücksichtigt werden muss, ist der spirituelle Aspekt, der im Vertrauen liegt.

Vertrauen ist das Gegenteil von Angst. Es ist das Vertrauen, das Mut, Kühnheit und Überzeugung fördert. Nur durch Vertrauen können wir Angst, Ängstlichkeit, das Aufschieben und all die anderen Symptome, die durch Angst entstehen, vermeiden.

Die gelungene „Ehe“ der dualen Grundsätze von Psychologie und Spiritualität macht dieses Buch so kraftvoll. Das gibt Ihnen den Mut und die Klarheit, die Sie benötigen, um lebenslange Veränderung und maßgeblichen Erfolg zu bewirken.

Ja, Sie müssen wissen, wer Sie sind. Wenn Sie wissen, wer Sie sind, können Sie darauf aufbauen, wohin Sie gelangen wollen. Aber Sie müssen auch wissen, wohin Sie gehören.

Dieses Buch wird Ihnen eine Orientierungshilfe sein, damit Sie verstehen, wohin Sie gehören und dass Gott Sie dazu erschaffen hat, Ihr Lebensziel zu erreichen. Und dass Sie schon alles haben, was Sie brauchen, damit Ihr Leben funktioniert.

Die verblüffende Wahrheit ist: „Der einzige Mensch, der Sie vom Erreichen Ihrer Ziele abhält, sind Sie selbst." Während Sie dieses Buch durchgehen, werden Sie lachen (und schockiert sein), wenn Sie die versteckten Botschaften entdecken, die Ihr Verhalten über Ihr Glaubenssystem an den Tag bringt und wie unser Glaubenssystem tatsächlich Erfolg verhindern kann.

Ändern Sie Ihre Einstellung – und Sie ändern Ihr Verhalten!

Ändern Sie Ihr Verhalten – und Sie ändern Ihre Ergebnisse!

Ändern Sie Ihre Ergebnisse – und Sie ändern Ihr Leben!

Das ist meine persönliche Philosophie, ich bringe sie in jede Rede ein, in jede Beratung und in dieses Buch. Durch ihre Anwendung habe ich erlebt, wie Menschen sich von Grund auf gewandelt haben, wie sie ihren Antrieb, Ihre Zielsetzung, Ihren kindlichen Mut, Ihr Engagement und Ihre Eigendynamik wieder erlangt und darauf gebrannt haben, beruflichen Erfolg aufzubauen und Ihr Leben so zu gestalten, wie sie es möchten.

Mit diesem Buch werden Sie die nötigen Schritte meistern, um Ihre Ergebnisse und Ihr Verhalten mit Hilfe eines kraftvollen Glaubenssystems zu verändern. Sie werden die Art von Vertrauen entwickeln, der Berge versetzen kann.

Besiege Deine Angst! ist Ihr Werkzeug, um Erfolg aufzubauen. Auf diesen Seiten werden Sie die Kernwahrheiten über Zielsetzung, das Aufrechterhalten von Zielorientierung und Motivation und die Schaffung einer unaufhaltbaren Dynamik kennen lernen.

Lernen Sie

- *selbstbegrenzenden Glauben zu erkennen*
- *negative Programmierung zu durchbrechen*
- *Verzögerung und Selbstsabotage zu überwinden*
- *Ihr Selbstwertgefühl und Ihre Zuversicht zu verbessern*
- *mehr liebevolle Beziehungen aufzubauen*
- *mehr Aufregung und Freude zu erfahren*
- *eine Eigendynamik zu entwickeln, durch die Sie Ihre Motivation aufrecht erhalten und Feuer und Flamme für Ihre Ziele sind*
- *Ihren Erfolg merklich zu steigern*
- *Ihre Träume Wirklichkeit werden zu lassen*
- *ein erfülltes Leben zu leben, das Sie lieben*

Durch Verbindung der beiden Disziplinen Psychologie und Spiritualität – also beider Aspekte von Motivation, sowohl des Verstandes als auch des Herzens – werden Sie die wirksamste Methode zur Überwindung Ihrer Angst beherrschen. Sie werden herausfinden und verstehen, warum Sie tun, was Sie tun. Sie werden Vertrauen schöpfen und sich mit Ihrer Angst anfreunden. Sie werden mehr Mut und Kühnheit an den Tag legen und schließlich erreichen, was Sie wirklich möchten.

Ob Sie Unternehmer, Direktor einer Firma, Topverkäufer, Student, Geschäftsinhaber, Elternteil oder Freund sind – streben Sie danach, einer von diesen zu sein – *Besiege Deine Angst!* wird Ihnen den Weg weisen.

Kapitel 1

Was hält Sie davon ab, Ihre Träume zu leben?

Die Zeitungskolumnistin Ann Landers wurde einmal gefragt: „Von all den Tausenden von Briefen, die Sie jeden Monat erhalten, welches der darin geschilderten Problemen ist das dominanteste im Leben der Menschen?"

Ihre Antwort war schockierend! Sie antwortete ohne Zögern: „Es ist Angst! Das, was Menschen davon abhält, das Leben zu führen, von dem sie träumen, ist Angst. Sie haben Angst, ihren Besitz zu verlieren. Sie haben Angst, ihre Freunde und Familie zu verlieren. Sie haben Angst, sie selbst zu sein. Sie haben Angst, erwachsen zu werden und Verantwortung zu tragen. Sie haben Angst, eine falsche Entscheidung zu treffen. Sie haben Angst, eine Verpflichtung einzugehen. Sie haben Angst vor dem Leben selbst!"

Als ich über dieses Zitat nachdachte, wurde mir klar, dass die größte Angst, die meine Verkaufsmannschaft und mich vom Erfolg abhält, nicht die Angst vor Versagen, sondern die Angst vor Erfolg ist. Es ist die Angst, es wirklich zu schaffen! Wovor die Leute sich am meisten fürchten, ist, wirklich zu leben! Sie haben Angst, alles zu geben, wenn sie nicht wissen, was letztlich dabei herauskommt.

Die Angst, das Leben in vollen Zügen zu leben, mag Sie gelähmt haben, mit der Folge, dass Sie es entweder niemals wirklich versuchen oder, wenn Sie es versuchen, Ihre Bemühungen sabotieren, sodass Sie sich niemals Ihrer Angst vor Erfolg stellen müssen! Die meisten Menschen leben ihr Leben in dieser Angstgebundenheit, und sie sind sich dieser Einflussnahme auf sie nicht einmal bewusst. Angst ist das Einzige, das Ihre Träume von finanzieller Freiheit, liebevollen Beziehungen und einem erfüllten und bedeutsamen Leben in ein Verhaltensmuster bestehend aus Verzögerung, Selbstsabotage und anderen schlechten Angewohnheiten umdrehen kann.

1. Wahrheit

Angst ist derzeit das Hauptproblem in Ihrem Leben

Die zwei Fragen, die ich beantworten musste, um meine Angst zu überwinden, sind dieselben zwei Fragen, die Sie nach dem Lesen dieses Buches beantworten werden können.

Frage eins: „Welche Angst hat die größte Kontrolle über mich und mein Verhalten? Ist es die Angst vor Versagen, die Angst vor Zurückweisung, die Angst vor Erfolg, oder sind es alle drei?“

Frage zwei: „Wie schalte ich die schlechten Angewohnheiten aus, die ich als Mittel zum Schutz vor dieser Angst entwickelt habe?“

Die Realität der Angst

Angst ist menschlich. Sie ist Teil des Lebens eines jeden Menschen, ist in jeder Erfolgsgeschichte vorhanden und Teil des

Wachsens. Angst verschwindet nicht. Manch eine Angst ist sogar gesund. Gott hat der Angst sogar eine eindeutige Aufgabe zugedacht. Sie wurde Ihnen gegeben, um Ihnen Sicherheit zu vermitteln und, um Sie Ihrem Schöpfer näher zu bringen. Lassen Sie mich das erklären.

Alle Menschen sind mit drei angeborenen Ängsten auf die Welt gekommen. Diese drei Ängste sind:

Angst vor dem Fallen

Angst vor lauten Geräuschen

Angst vor dem Verlassenwerden

Diese angeborenen Ängste sind Ihnen gegeben worden, um Ihnen bei der Beobachtung dessen, was um Sie herum geschieht, behilflich zu sein. Lassen Sie sich das durch den Kopf gehen: Angst ermöglicht Ihnen einen starken Adrenalinanstieg, sodass Sie die Fähigkeit haben werden, aus einer Situation, die wirklich unsicher ist, zu fliehen oder einen Kampf zu gewinnen! Ja, Angst ist ein Geschenk, Ihnen beigebracht, damit Sie in Sicherheit sind und Sie zu Vertrauen führt. Und diese drei angeborenen Ängste waren als Mittel zum Schutz geplant, weniger als Mittel zur Zerstörung. Angst war vorgesehen, um Sie zu Ihrem Schöpfer zu bringen. Vertrauen ist in Angst geboren. Gott in seiner unendlichen Weisheit wusste, dass uns die Angst zu ihm zurücktreiben würde. König David schrieb: „Die Angst vor Gott ist der Anbeginn von Weisheit."

Nehmen Sie die Geschichte eines Mannes namens John. Ein Seemann, der seit seinem zwölften Lebensjahr auf hoher See diente. Sein Vater bildete ihn für eine Karriere als Kapitän der Royal Navy aus. Aber trotz dieses großartigen Trainings schaffte er es nie bis zum Offizier. Stattdessen wurde er aufgrund seiner schlechten Gesinnung und seines rebellischen Verhaltens mehrmals degradiert und ausgepeitscht.

In den frühen Zwanzigern war John auf dem Weg nach Afrika, wo er auf einem Sklavenschiff, der Greyhound, angeheuert worden war.

Während der Überfahrten verspottete er die anderen – besonders die Gläubigen. John hatte für Gott kaum Platz in seinem Leben. Er warf sogar ein Buch fort, das ihm eventuell geholfen hätte, sein Leben neu zu gestalten, *Die Anlehnung an Christus,* als sein Schiff in einen schweren Sturm hineinsegelte.

In dieser Nacht schlugen die Wellen auf die Greyhound ein, wirbelten das Schiff auf einen Wellenkamm und tauchten es dann tief ins Wasser ein.

Bald zerbrach eine Seite der Greyhound. John wachte auf, seine Kabine voller Wasser und sein Schiff kurz vor der Versenkung.

Neun Stunden lang kämpften er und die anderen Seemänner, um das Schiff über Wasser zu halten, voller Angst, vom Kurs abzukommen. Diese Nacht würde ihre letzte sein. Dieser einst rebellische und furchtlose Mann warf sich schlussendlich auf das Deck und flehte zu Gott: „Wenn wir dies hier überleben, dann Gott, erbarme Dich unser."

Die Legende geht weiter, um über die Gnade Gottes zu berichten, die er John und seiner Besatzung bewies, sogar als sie kaum mehr Gnade verdienten. Gott verschonte ihn und die Greyhound.

Nachdem er den Sturm überlebt hatte, kehrte er nach England zurück, wo er ein überaus schaffender Komponist wurde. Sie kennen sein berühmtestes Lied und haben es wahrscheinlich unzählige Male gesungen:

Amazing grace how sweet the sound,
That saved a wretch like me!
I once was lost, but now am found,
Was blind, but now I see.

Dieser Seemann - zum Liedschreiber geworden, war John Newton. Sie würden niemals glauben, dass dieser rebellische Mann der größte Hymnenverfasser und Prediger aller Zeiten werden würde. Fast fünfzig Jahre lang füllte er mit seiner Botschaft Gottes und seiner Geschichte über Gnade die Kirchen. Was als Gebet aus Angst begonnen hatte, führte zu einem Leben in Vertrauen.

Manchmal geschieht es nur in extremer Angst, dass wir zu Gott schauen und ihn wählen. Angst kann ein schönes Geschenk sein, wenn es Sie dazu bringt, Gott zu wählen und sich auf ihn als Ihre Bezugsquelle für Kraft und Frieden zu verlassen.

Denken Sie an die Zeiten in Ihrem Leben, in denen Sie sich Gott zuwandten, weil Er alles war, was Sie hatten. Das waren wahrscheinlich die Zeiten extremer Angst. Angst bringt Vertrauen.

2. Wahrheit

Angst ist ein Geschenk, das Ihnen gegeben wurde, um Sie zu schützen und Sie näher zu Gott zu bringen.

Das Zerrbild der Angst

Was ist passiert? Was hat aus Angst, die als Geschenk gedacht war, das Problem Nummer Eins in unserer heutigen Gesellschaft gemacht? Warum erlauben die Menschen diesem Geschenk, ihr Handeln, ihren Glauben und letztlich ihr Leben auf negative Art und Weise unter Kontrolle zu haben? Gut, es hat viel damit zu tun, einen deutlichen Unterschied zwischen der Reaktion auf Angst und dem Handeln in Angst zu machen. Es hängt alles mit Ihrem Glaubenssystem zusammen, welches ist Ihr Glauben über Angst und was zu glauben wurden Sie konditioniert. Klingt das verwirrend? Es ist wirklich ganz einfach.

Lassen Sie uns zuerst einen Unterschied zwischen der Reaktion auf Angst und dem Handeln in Angst machen. Kinder reagieren normalerweise instinktiv, wenn sie mit ihren Hauptängsten konfrontiert werden. Das ist ein ihrem Alter entsprechendes Verhalten. Jedoch als Erwachsene verursachen dieselben gutgemeinten Ängste, dass die Menschen den Erfolg entrinnen lassen und sogar abwehren. Das Problem ist, dass die meisten Erwachsenen kaum einen klaren Unterschied machen, ob sie ihre Angst bewältigen, indem sie instinktiv reagieren oder mit ihrem Verstand agieren. Die meisten Leute reagieren instinktiv auf ihre Angst, dadurch, dass sie vor ihr davonlaufen, sie ignorieren, ihre Bemühungen sabotieren oder das Streben nach IHREM Traum aufgeben, sodass sie die Begegnung mit ihrer Angst vermeiden können.

Sind Sie vor einem Traum davongelaufen? Haben Sie Ihrer Angst eingeräumt, Sie von dem abzuhalten, was Sie wirklich erreichen wollen, oder es gleich ganz gelassen?

Das übliche Szenario

Im Erwachsenenalter verursacht dieselbe Angst, die als Schutz gedacht war und Sie näher zu Gott bringen sollte, dass Sie mit Entschuldigungen, Ängstlichkeit, Sabotage und selbstvernichtenden Verhaltensweisen reagieren, weil Sie sich des Geschenkes unbewusst sind und Sie niemand gelehrt hat, wie Sie Ihre Angst bewältigen können. Sobald Sie die Enge in Ihren Gedärmen spüren, reagieren Sie instinktiv auf Ihre Angst, entweder, indem Sie diese verleugnen oder vor ihr davonlaufen. Sie versäumen die Kraft, die daraus entsteht, mit Ihrem Verstand zu handeln und sich mit Ihrer Angst anzufreunden. Sie gestatten der Angst niemals, das geplante Geschenk zu werden.

Davon handelt dieses Buch. Sie werden lernen, mit Ihrem Verstand zu agieren, indem Sie Ihre wahre Angst darlegen (und den selbstbegrenzenden Glauben, den sie repräsentiert) und sich befreien, sodass Sie mit allem, was Sie zu tun, haben und sein bestimmt sind, fortfahren können.

3. Wahrheit

Wenn Sie vor Ihrer Angst davonlaufen oder sie verleugnen, lassen Sie das Geschenk ungeöffnet.

Die meisten Menschen empfangen das Geschenk nicht, das vom Ansehen ihrer Angst herrührt. Sie verschwenden all ihre Energie mit Weglaufen oder Verleugnen. Ich weiß das, weil ich es jahrelang gemacht habe... bis zu einem erstaunlichen Tag, als ich mit einer einfachen Technik fähig war, meiner Angst zu begegnen... die Wahrheit zu sagen.

Der Durchbruch von Bermuda

Es waren annähernd die letzten Tage der Konferenz der Nationalen Rednervereinigung, die auf den wunderschönen Inseln der Bermudas stattfanden. So wie die meisten anderen Teilnehmer, war ich von all den großartigen Informationen inspiriert und von den vielfältigen Möglichkeiten, die ich in meinem Geschäft anwenden würde, angefeuert... etwa so dachte ich.

Mein Freund und Businesscoach Randy Gage und ich unterhielten uns über den Aufbau meines Geschäfts als Rednerin.

Randy schlug vor: „Du könntest die XYZ-Gesellschaft ansprechen."

Ich antwortete: „Nein, ich bin bei einer anderen Zielgruppe besser."

„Okay", sagte er und versuchte es wieder: „Setzte Dein Honorar mit €_____ an und du könntest dich an die ABC-Branche vermarkten."

Ich konterte schnell: „Nein. Bevor ich das kann, muss ich erst meine Doktorarbeit fertig machen."

Randy bot einen anderen Vorschlag an: „Wir könnten dich an die ABC-Branche vermarkten und sowohl Unternehmensberatung als auch Grundsatzgedanken anbieten."

Das hörte sich gut an... zuerst. Dann dachte ich mir: „Ich habe drei Kinder und einen Ehemann, der bezüglich dieser Karriere sehr wenig unterstützend ist. Was würde passieren, wenn..."

Die Unterhaltung ging in ähnlicher Weise weiter und weiter. Ich fing an zu schwitzen und redete mir ein, dass es die heiße Sonne der Bermudas war.

Nach etlichen dieser Antworten sah Randy mir direkt in die Augen und sagte etwas, bei dem es mir eiskalt den Rücken hinunterlief: „Lisa, Du hast Angst vor Erfolg!"

Nun, was würde Ihre Antwort sein, wenn Sie jemand beschuldigt, Angst vor Erfolg zu haben? Ja! Sie haben es erraten. Ich argumentierte: „Nein, habe ich nicht!

Was weißt du denn schon? Du hast weder die Ansprüche von Kindern und noch bist du verheiratet!"

Gut, Randy ist die Art von Freund, der zwischen den Zeilen lesen kann und den Mut hat, zu sagen, was er sieht. So wiederholte er: „Du hast Angst, es wirklich in diesem Geschäft zu schaffen."

Nachdem ich lange über diese Aussage nachgedacht hatte, wusste ich, dass er recht hatte. Junge, die Wahrheit kann manchmal wehtun. Diese Worte haben eine schmerzhafte Stelle in mir getroffen und alle Pflaster dieser Welt sind zu klein, um diese Art von Wunde zu bedecken. An diesem Tag zerriss mich die Wahrheit und ich begann mit lauter Stimme (zu meiner Verwunderung) all die Gründe aufzuzählen, aus denen ich Angst hatte, es in meinem

Geschäft zu schaffen...

Würde ich mit den Ansprüchen einer erfolgreichen Karriere noch eine gute Mutter sein? Eine qualifizierte Rednerin? Ha! Wer denke ich, bin ich, dass ich so einen großen Erfolg fertig bringen könnte? Schließlich wuchs ich in der Ära auf, in der man gute Mädchen wohl sah, aber nicht hörte. Würde ich meine Freunde verlieren? Ich genoss mein Leben und fühlte mich wohl. Aber, war ich schuldig, mich in meinem Jammern wohl zu fühlen? „Ich bin zu jung."

„Ich bin zu unerfahren." Und die eine Unsicherheit, der jede erfolgreiche Person von Zeit zu Zeit ausgesetzt ist – ganz gleich wie irrational – „Ich bin nichts weiter als ein Schwindler und früher oder später kommt es heraus!" Ich begriff, dass ich eine enorme Angst vor Erfolg hatte.

Der negative Glaube, den ich meinem Ziel zugeordnet hatte, erstickte mein Potential und begrenzte meinen Erfolg.

An diesem Tag auf den Bermudas erkannte ich, dass mein wahres Problem darin lag, die Angst, die mich vom Erfolg abhielt, zu verstecken. Sicher, ich sagte, es war mein wenig unterstützender Ehemann, die unglaubliche Konkurrenz, der Mangel an Anlagekapital, meine Kinder, die Wirtschaft, das Jahr . . . all diese Hürden waren bequeme Ausreden, mich vor dem wirklichen Versuchen zu verwahren. Ich konnte diese Gründe immer benutzen und sagen: „Wenn nur nicht ________ wäre, dann könnte ich groß herauskommen!"

Aber diese Ängste waren eine Lüge. Sehen Sie, wovor ich tatsächlich Angst hatte, war Erfolg zu haben!

Was fürchten Sie?

Wie ist es bei Ihnen? Fürchten Sie

Verbindlichkeit?	*Zurückweisung?*
Verantwortung?	*Nicht gerecht werden?*
Erwachsenwerden?	*Verluste?*
Konfrontation?	*Veränderung?*

Ich habe ausschließlich Menschen getroffen, die sich mit irgendeinem Grad von Angst auseinandersetzen mussten. In all den Interviews, die ich für dieses Buch geführt habe, hatte jeder eine Geschichte darüber, wie auch er sich mit seiner Angst befassen musste. Langsam wurde mir bewusst, wie ähnlich die Geschichten waren! Die Namen änderten sich. Die Umstände waren verschieden. Aber die Angst war dieselbe und sehr echt. All diese oberflächlichen Ängste halten Sie davon ab, die Kernangst aufzudecken, die wahre Ursache für Ängstlichkeit, Depression und destruktives Verhalten, die Ihre Träume im Keim erstickt. Diese Symptome der Angst können durch Aufdecken der Kernangst, die sich hinter diesen Symptomen versteckt und durch Durchbrechen des negativen Glaubens, den sie repräsentieren, überwunden werden.

Die zwei Kernängste

Ich glaube, dass wir von all den Ängsten, die wir nach eigenen Worten haben, nur von zwei Kernängsten gesteuert werden. Aus diesen zwei Hauptängsten kommen alle anderen Ängste hervor: Angst vor Erfolg und/oder die Angst vor Versagen.

Die Angst, erfolgreich zu sein und dann diesen Erfolg aufrecht erhalten zu müssen, kann tödlich sein. Ich glaube, die Angst vor Erfolg ist die größte uns betreffende Angst, weil sie direkt mit den drei angeborenen Ängsten zusammenhängt: Angst vor dem Fallen, Angst vor lauten Geräuschen und Angst vor dem Verlassenwerden.

Die Angst vor dem Fallen ist für erfolgreiche Menschen ganz normal. Es ist leicht zu glauben, dass wenn Sie erst einmal Erfolg erzielt haben, es nur eine Richtung gibt, nämlich abwärts. Die Angst vor lauten Geräuschen steht in direktem Zusammenhang mit gefährlicher Veränderung. Vielleicht haben wir monatelang auf etwas hingearbeitet und dann scheint sich über Nacht etwas zu verändern und wir sind plötzlich erfolgreich. Die Angst vor dem Verlassenwerden ist sehr wirklich. Wir könnten, nachdem wir erfolgreich geworden sind, einige Freunde verlieren. Sie könnten auf unseren Erfolg eifersüchtig sein, uns als arrogant betrachten oder das Gefühl haben, wir passen einfach nicht mehr in die „alte Gruppe". Wir haben alle schon gehört: „Es ist einsam an der Spitze" und schon ist unsere angeborene Angst vor dem Verlassenwerden wieder herausgefordert.

Wenn wir uns unseren wahren Ängsten stellen, sind wir auf dem Weg in die Freiheit.

4. Wahrheit

Wenn Ihre Angst vor Erfolg oder Angst vor Versagen aufgedeckt ist, hat sie keine Kontrolle mehr über Sie.

Lesen Sie die folgende Liste von Ängsten. Kreisen Sie die Ängste, mit denen Sie sich am meisten identifizieren können, ein. Dann sortieren Sie die eingekreisten Ängste in der Reihenfolge ihrer Stärke, die Stärkste zuerst.

Verpflichtung

Verantwortung

Erwachsenwerden

Zurückweisung

Nicht gerecht werden

Verluste

Konfrontation	*Veränderung*
1.	*5.*
2.	*6.*
3.	*7.*
4.	*8.*

Ihre Kernangst ist die **Angst vor Erfolg**, wenn Sie Angst vor Verbindlichkeit, Verantwortung, Erwachsenwerden oder Veränderung verspüren. Wenn der größte Teil Ihrer Ängstlichkeit aus der Angst vor Zurückweisung, Konfrontation oder nicht gerecht werden besteht, ist Ihre Kernangst die **Angst vor Versagen.** Schauen Sie sich nun die Reihenfolge Ihrer Ängste an und beurteilen Sie, welche Sie am meisten kontrolliert und zurückhält. Ist es die Angst vor Versagen oder die Angst vor Erfolg, oder sind es beide? Denken Sie darüber nach, was Sie am häufigsten laut oder zu sich selber sagen. Was Sie sagen und denken, repräsentiert Ihren Glauben über Erfolg oder Versagen.

Die folgenden Aussagen sind die häufigsten negativen Vorstellungen eines Menschen, der Versagen fürchtet:

Angst vor Zurückweisung, Angst vor Konfrontation oder Angst, nicht gerecht zu werden.
Das muss richtig sein.
Ich könnte es wirklich schaffen, wenn ich nur ___________ hätte.
Wenn ich nein sage, werden mich die Leute nicht mögen.
Ich kann einfach nicht nein sagen.
Mein Leben ist eine Seifenoper und ich bin der Star!
„Sie" sind darauf aus, mich zu holen.
Wenn ich es nicht beende, werde ich nicht scheitern.
Ich arbeite besser unter Druck.
Alle großartigen Ideen sind schon ausgedacht.
Ich habe nichts Wertvolles anzubieten.

Alles, was es wert ist, dass man es macht, ist es wert,
dass man es perfekt macht.

Die folgenden Aussagen sind die häufigsten negativen Vorstellungen eines Menschen, der Erfolg fürchtet:

Angst vor Verbindlichkeit, Angst vor Verantwortung oder Angst vor dem Erwachsenwerden

Wenn du nicht irgend etwas Nettes sagen kannst, dann sage lieber überhaupt nichts.
Wenn mir das gelingt, erwartet man von mir, dass mir alles gelingt was ich mache.
Die Leute erwarten eine Menge von mir.
Erfolg muss hart erkämpft werden.
Um als wichtig angesehen zu werden, musst du Probleme haben.
Ich möchte es nicht einmal wissen, dann muss ich mich auch nicht darauf einlassen.
Ich möchte nicht zu erfolgreich erscheinen, die Leute könnten mich egoistisch nennen.
Zielorientiert zu sein, bedeutet du musst dich verpflichten.
Es ist einsam an der Spitze.
Das ist zu schwierig.
Das wird zu lange dauern.
Ich will nicht tun, was ich nicht tun mag.
Erfolgreiche Leute müssen „das" nicht tun.

Sobald Sie Ihre Kernangst erkannt haben, ist das der Beginn Ihres Durchbruchs! Aber da ist noch mehr!

Die Vorstellung hinter Versagen und Erfolg aufdecken

Wenn Sie wie die meisten Menschen sind, finden Sie Erfolg erschreckend. Ja, Erfolg! Sie können Angst davor haben, einen Bestseller zu schreiben, ein Topverkäufer zu werden, sich für die Ehe zu entscheiden (und verheiratet zu bleiben) oder in Ihrem Geschäft erfolgreich zu sein.

Wenn Sie es schaffen, wenn Sie Ihr Ziel erreichen, sind Sie ganz oben. Wenn Sie ganz oben sind, gibt es nur eine Richtung, nämlich abwärts – das glauben Sie zumindest. Der Gedanke, über Ihren ersten Erfolg hinauszugehen oder ihn einfach nur zu halten, kann lähmend sein.

Es ist nicht die Angst vor Versagen, die uns von unserem vollen Potential fernhält. Nein, ich glaube, die Angst, es wirklich zu schaffen, ist um vieles schlimmer. Denken Sie an den Gymnasiasten, der Angst hat, sich mit einem Mädchen zu verabreden. Fürchtet er, sie könnte nein sagen und ihn abweisen? Nein! Wovor er wirklich Angst hat, ist: Was, wenn sie JA sagt? Oder die Frau, die zehn Kilo abnehmen möchte, aber nie die Verpflichtung eingeht, anzufangen und dabei zu bleiben – nicht, weil sie scheitern, sondern weil sie es schaffen könnte! Was dann? Sie wäre dem Druck ausgesetzt, ihr Gewicht zu halten! Huch! Da ist es einfacher, erst gar keine Verpflichtung einzugehen. Oder der Kollege im Verkauf, der in seiner Abteilung hohe Umsätze erzielt und nun damit konfrontiert ist, diese beizubehalten, oder noch schlimmer, sie zu steigern!

Wenn Sie wie ich sind, dann fragen Sie sich vielleicht: „Woher kommen diese Ängste vor Erfolg und Versagen?“ Diese zwei Kernängste sind erlernte Ängste, die durch negative, selbstbeschränkende Überzeugungen zustande gekommen sind.

5. Wahrheit

Ihr Glaubenssystem ist die treibende Kraft hinter Ihrem Verhalten und Ihren Ergebnissen.

Ich wusste, hinter meiner Angst musste noch etwas anderes stecken, das ein derart tiefes Gefühl von Sorge, Kummer, Frustration und geringem Selbstwertgefühl verursachte. Ich erkannte, dass es nicht nur die Angst selbst war, die meinen Erfolg erstickte. Etwas Größeres löste diese Angst aus.

Als ich mich darauf konzentrierte zu verstehen, worauf meine Hauptangst basierte, stieß ich auf zwei wichtige Anhaltspunkte. Ich stellte fest, dass Angst relativ ist. Was für mich beängstigend sein mag, ist ist für jemand anderen nicht im geringsten beängstigend. Aus diesem Wissen heraus folgerte ich, dass unsere Ängste eine direkte Reflektion unserer Überzeugungen oder Mangel an Überzeugungen sind. Meine Angst wurde durch ein negatives und selbstbegrenzendes Glaubenssystem ausgelöst. Der große „Aha-Effekt" kam, als ich realisierte, dass Angst das Nebenprodukt einer negativen Überzeugung ist.

Lesen Sie weiter, um zu erfahren, warum Ihre jetzigen Überzeugungen genau der Grund für Ihren Mangel an Erfolg sind.

„Was jemand denkt, erkennst du nicht daran, dass er dir sagt, was er denkt, sondern an seinen Handlungen“

– Isaac Bashevis Singer

„All die bedeutenden Schlachten werden in dir selbst geschlagen.“

– Sheldon Kopp

Kapitel 2

Die Kraft Ihres Glaubenssystems

Wenn Sie mich jetzt fragen würden: „Lisa, ich bitte Sie, haben meine Überzeugungen wirklich so viel Einfluss auf mein Verhalten?“ Ich würde mit Nachdruck erwidern: „Ja!“

Ihre Überzeugungen sind die treibende Kraft hinter Ihrem Verhalten. Der Glaube sendet starke Botschaften an Ihr Gehirn, das wirkt sich entweder auf positive oder auf eine negative Weise auf Ihr Handeln (und ihr Ergebnis) aus. Ihr Glaube wird Sie veranlassen, eines von zwei Dingen zu tun:

ängstlich sein und NACHGEBEN, oder

stark sein und HANDELN

Denken Sie an den Einwanderer, der im Glauben aufgewachsen ist, Amerika sei das Land der unbegrenzten Möglichkeiten. Schon bevor er in dieses Land kommt, ist er im Vorteil. Einmal in Amerika angekommen, fängt er mit der Überzeugung, dass er in Amerika erfolgreich sein wird, ein Geschäft an, weil er es so gehört hat und daran glaubt. Sein Glaube ist Wirklichkeit. Mit der Zeit festigt er diese Überzeugung und wird in seinem Geschäft erfolgreich.

So mächtig ist Ihr Glaube. Erfolg benötigt zwei Zutaten: Zeit und Glauben. Je mehr Glauben Sie haben desto weniger Zeit benötigen Sie. Ihr Glaubenssystem veranlasst Sie entweder, nachzugeben und Erfolg abzuwehren oder zu handeln und Gelegenheiten und Erfolg anzuziehen.

Ihr Glaubenssystem wurde Ihnen durch die Gesellschaft, Gleichaltrige, Familie, Lebenserfahrungen, Umfeld und viele andere kleinere Einflüsse „beigebracht". Denken Sie nur einmal daran zurück, was Ihre Familie wiederholt bezüglich Ihrer Lebensumstände gesagt hat und Sie werden den Beginn vieler Ihrer Überzeugungen finden.

Wie ein Glaubenssystem entsteht

1. Eltern und Familie

Denken Sie an die unzähligen Male, die Sie als Kind gehört haben: „Du wirst fallen!" „Das wird ins Auge gehen!" „Langsamer!" „Ich habe dir doch gesagt, dass du dich verletzen wirst!" Ich weiß, dass Eltern ihre Kinder vor Gefahr schützen möchten. Aber, die meisten Eltern überbetonen Sicherheit und verteufeln Risikobereitschaft, indem sie zu häufig die Botschaft ihrer eigenen Ängste zufügen.

Wäre es nicht großartig, wenn wir Eltern unsere Kinder vor Gefahr warnten, indem wir sagen: „Sei sicher." „Du bist in Sicherheit." „Es wird dir gut gehen." „Sei aufmerksam!" „Beachte die Dinge." Diese Aussagen helfen, ein positives, bestärkendes Glaubenssystem über das Leben und die Fähigkeit unserer Kinder zu errichten, damit sie alles, was auch immer ihren Weg kreuzt, bewältigen.

2. Einfluss der Gesellschaft

Die Gesellschaft hat einen enormen Einfluss auf unser Glaubenssystem. Schauen Sie sich „Titanic“ an, ein Film, der von mehr Menschen gesehen wurde, als jeder andere jemals produzierte Film.

Seine Darstellung von reichen und armen Leuten trug zur Entstehung von gefährlichen, negativen Glaubenssystemen bei. Vermögende Personen wurden als unhöfliche, langweilige und boshafte Menschen porträtiert, die sich gegenseitig erschießen würden, um ihr eigenes Leben zu retten. Der Film bestätigte außerdem einen enorm negativen Glauben über Liebe und Hingabe, wie zum Beispiel durch die Hauptfigur. Kate plant, des Geldes wegen zu heiraten, nicht aus Liebe. Wir hörten ihre Mutter sagen, sie solle sich ertüchtigen, weil das deren Situation erforderte. Eine andere starke negative Vorstellung, die der Film hervorbrachte, war, dass arme Leute wissen, wie man es sich gut gehen lässt und Armut die Antwort auf Kates Probleme war.

Negativer Glaube:

Vermögende Menschen sind böse, unhöflich und unausstehlich.

Geld ist schlecht.

Arme Menschen sind liebevoller als reiche.

Es ist „spirituell", arm zu sein.

3. Lebensumstände

Marilyns Geschichte:

Ich möchte nicht wieder erfolgreich sein, weil es das erste Mal so weh getan hat.

Ich habe bei den Olympischen Spielen 1976 am Triathlon teilgenommen und eine Medaille gewonnen. Ich dachte mir, als ich das

Flugzeug bestieg, um von der Olympiade nach Hause zu fliegen: „Wow! Ich bin der erste weibliche Champion der USA im Triathlon. Ich vermute, ich dachte, meine Freunde, Familie und Kollegen würden auf dieselbe Art und Weise reagieren. Aber, sehr zu meinem Leidwesen, wurde ich von etwas ganz anderem getroffen.

„Hast du Mark Spitz getroffen?“ war die wiederholte Frage, die ich immer und immer wieder hörte. Das tat so weh. Das verletzte mich genug, um zu wissen, dass Erfolg nichts für mich ist.

Negativer Glaube:

Erfolg schmerzt.

Es ist einsam an der Spitze.

Frauen sollten nicht erfolgreich sein (Athleten/Geschäftsleute).

Mädchen sollte man sehen, aber nicht hören.

Was ist mit Ihnen? Welche Familiensprüche, Lebensumstände oder welcher gesellschaftliche Einfluss hat Ihr Glaubenssystem geprägt und gestaltet? Wir hatten alle sehr viel negative Programmierung, ob wir uns dessen bewusst sind oder nicht. Aber, es macht weniger aus, wo diese negativen Überzeugungen gelehrt wurden und es macht mehr aus, dass Sie sich dessen bewusst sind und lernen, wie Sie diese durchbrechen können.

Es ist der Glaube, den Sie über Erfolg haben, der eine unglaubliche – sehr wirkliche, sehr offensichtliche – Angst vor Erfolg hervorbringt. Diese Art von Angst ist die stärkste Form von beengendem Zwang. Dieser Angstzwang – verwurzelt in negativem Glauben über Erfolg und Versagen ist die eine Sache, die verursacht, dass Sie Ihren Erfolg sabotieren und niemals erreichen, was Sie wirklich wollen. Kein für Seminare in Zielsetzung oder für Techniken in positivem Denken ausgegebener Geldbetrag oder investierte

Zeit werden Ihnen helfen, Erfolg zu schaffen, bevor Sie die negativen Überzeugungen durchbrechen, die in Form Ihrer Ängste zutage treten.

Die gute Nachricht ist, dass Sie die Kontrolle über Ihre Vorstellungen haben. Sie können Ihr Glaubenssystem verändern und das wird Ihnen helfen, Ihre Angst für immer zu besiegen! Lesen Sie weiter und finden Sie heraus, wie.

Blockaden infolge negativer Überzeugungen erkennen

Haben Sie jemals eine der folgenden Aussagen gemacht?

„Ich bin zu alt."

„Ich bin zu jung."

„Zeit ist immer zu knapp."

„Liebe tut weh."

„Es sind nur schlechte Männer übrig."

„Das ist zu gut für mich."

„Ich kann unter Druck besser arbeiten."

„Erfolgreiche Menschen haben immer zu tun."

„Verkaufen ist schwierig."

„Ich halte mein Gewicht sowieso."

„Millionäre sind egoistisch."

„Erfolgreiche Menschen sind schlechte Eltern."

„Meine Beziehungen funktionieren niemals."

„Ich kann nichts sparen."

„Alle großartigen Ideen sind vergeben."

„Verkäufer sind aufdringlich."

„Alle werden lachen."

„Ich bin nicht gut genug."

„So können wir es nicht machen."

„Frauen haben solche Titel nicht."

„Schokolade ist schlecht."

„Wenn es diese Sache nicht ist, ist es eben eine andere."

„Wenn du nicht irgend etwas Nettes sagen kannst, dann sage überhaupt nichts."

„Kinder (Mädchen) sollten gesehen, aber nicht gehört werden."

„Frauen sollten bescheiden und demütig sein."

„Du bist so gescheit. Wenn du dich nur selbst einbringen würdest."

„Alles, was wert ist, dass man es macht, ist wert perfekt gemacht zu werden."

„Geld wächst nicht auf Bäumen."

Diese negativen Glaubensbarrieren sind starke Antriebe, die Sie tatsächlich veranlassen, Erfolg abzuwehren. Sie werden ihn genauso fortstoßen wie ein Kind Spinat verweigert. Das Problem ist nicht nur Ihre Angst. Nein, Ihre Angst repräsentiert einen starken, selbstbegrenzenden Glauben! Solange, bis Ihre Überzeugungen identifiziert sind und durch stärkere Überzeugungen abgelöst werden, wird Ihnen keine noch so große Menge positiven Glaubens helfen, Erfolg zu schaffen und zu erreichen.

Was negative Überzeugungen so kraftvoll und heimtückisch machen, sind, dass Ihnen meist nicht einmal bewusst ist, dass Sie sie haben. Sie werden sagen, Sie möchten etwas, Sie werden es aufschreiben, Sie werden es mit positivem Denken belegen, aber dann passiert etwas, das Sie von eben jener Sache abhält, von der Sie sagen, dass Sie sie wollen. Sie werden anfangen, wichtige Gegenstände zu verlegen. Sie werden Fristen hinausschieben. Sie werden Namen vergessen. Sie werden eine Gelegenheit verpassen, die Liste ließe sich endlos fortsetzen.

Lindas Geschichte:

Während meiner Kindheit habe ich meine Eltern immer sagen hören: „Wenn es die eine Sache nicht ist, ist es eben eine andere.“ Diese scheinbar harmlose Formulierung war so in den Gedankenablauf integriert, dass es meine Fähigkeit, Aufgaben zu bewältigen, beeinflusste – ganz zu schweigen davon, das Leben zu genießen. Ich fühlte mich immer überfordert. Die kleinste Angelegenheit schien mich zu übermannen.

Ich sagte immer: „Der Tag hat zu wenig Stunden.“ Ich wusste, dass ich dieses negative Verhalten durchbrechen und diesem Irrsinn ein Ende setzen musste, mich dauernd abgeschlagen und unfähig zu fühlen.

Der negative Glaube:

Es ist immer zu wenig Zeit.

Wenn es die eine Sache nicht ist, ist es eben eine andere.

Mir fehlt das Zeug dazu.

Das Leben ist hart.

Selbstsabotierendes Verhalten aufdecken

Der erste Schritt zu Ihrem Durchbruch ist zuzuhören, was Sie sagen und zu beobachten, was Sie tun. Was aus Ihrem Mund kommt, ist Ausdruck dessen, was Sie glauben.

6. Wahrheit

Ihre Angst und Ihre unerfüllten Bedürfnisse zeigen sich klar und deutlich in Ihren Alltagsgewohnheiten.

Ihre Verhaltensweisen spiegeln versteckte Botschaften negativer Überzeugungen, Angst und unerfüllter Bedürfnisse wider.

Ich werde mich zuerst mit unerfüllten Bedürfnissen befassen. Die Psychologie erklärt, dass hinter jedem Verhalten eine Ursache liegt. Freud sagt: „Wir Menschen sind unersättlich, wir bekommen unsere Bedürfnisse immer erfüllt.“ Wir werden diese Bedürfnisse auf gesunde, bewusste Weise oder auf ungesunde, unbewusste Weise erfüllt bekommen.

So, was bedeutet das nun alles? Menschen haben vier angeborene Bedürfnisse. In welchem Ausmaß Sie diese benötigen, hängt von Ihrer Persönlichkeit ab und davon, wer Sie sind.

Unsere vier angeborenen Bedürfnisse sind:

Beachtung (Liebe)	*Kontrolle*
Begeisterung	*Einsamkeit*

Wenn Sie die folgenden Geschichten lesen, ermitteln Sie bitte genau, welche die wichtigsten für Sie sind. Überlegen Sie sich, wie Sie jedes der folgenden Bedürfnisse erfüllt bekommen haben – ob auf gesunde oder ungesunde Weise.

Sie brauchen mehr Beachtung (Liebe)

Wenn Sie mehr Beachtung brauchen und diese nicht auf gesunder Ebene bekommen, werden Sie sich gewissermaßen unbewusst so verhalten, dass dieses Bedürfnis erfüllt wird. Vielleicht fangen Sie an, Schlüssel oder wichtige Papiere zu verlegen. Vielleicht verletzen Sie sich öfters und werden häufig krank. Wenn Sie solche Schicksalsschläge erleiden, was passiert dann Ihnen und den Menschen um Sie herum? Sie haben es erraten! Andere Leute kommen Ihnen zu Hilfe, helfen Ihnen, die Schlüssel zu finden, trösten Sie in Ihrem Schmerz oder betreuen Sie, wenn Sie krank sind. Sie bekommen die Aufmerksamkeit, die Sie brauchen.

Eines Tages, nachdem mein Mann Mark zum dritten Mal in einer Woche seine Schlüssel verlegt hatte, fing ich an, ihm mehr Zeit zu schenken. Ich hielt längeren Augenkontakt. Ich stellte ihm mehr Fragen und hörte mehr zu. Das Ergebnis war erstaunlich! Er benahm sich anders. Er war entspannter und schien sich sorgfältiger auf seine Arbeiten zu konzentrieren. Er erinnerte sich, wo er Gegenstände hingelegt hatte und die Dinge in unserem Zuhause normalisierten sich.

Wenn Sie gerne im Rampenlicht und im Mittelpunkt des Interesses stehen und Sie diese Anerkennung nicht bekommen, können andere Verhaltensweisen an die Oberfläche treten. Manche Menschen werden fortlaufend verletzt – körperlich oder seelisch. Ich hatte eine Klientin namens Sally, die ich in der Familienberatung begleitete. Sie kam jede Woche und erinnerte sich an unglaublich traurige Geschichten in ihrer Familie, ihrem Job und ihrer Gesundheit. Es schien, als ob für Sally immer alles schlecht lief. Es brach mir das Herz.

Eines Tages, nachdem ich wieder eine ihrer herzzerreißenden Geschichten gehört hatte, sagte Sally: „Mein Leben ist eine Seifenoper und ich bin der STAR!“ Ohne es zu realisieren, hatte Sally eine grundlegende Entdeckung gemacht. Ihr wurde ein riesiges Bedürfnis durch ihre negativen Situationen erfüllt. Seitdem das Leben ihr die Beachtung, die sie so verzweifelt wollte – und brauchte – verweigerte, wurde sie in ihren Lebensdramen ihr eigener „Star". Ja, allen Leuten passieren schlimme Dinge, nur wenn sie zur Gewohnheit werden, muss die Frage gestellt werden, ob die Person selbst das negative Drama inszeniert.

Diese Geschichte hat ein großartiges Ende. Als ich ihr vorschlug, sie solle an ihrer eigenen persönlichen Weiterentwicklung und ihren Lebensinteressen arbeiten, fand sie letztendlich einen Weg, die Beachtung und die Zuversicht zu erhalten, die sie brauchte, ohne traumatische Ereignisse in ihrem Leben hervorzurufen.

Sie brauchen mehr Begeisterung

Wenn Sie ein Mensch sind, der Abenteuer schätzt und Begeisterung liebt – und sie Ihnen fehlen – könnten Sie dieses Bedürfnis durch den Adrenalinstoß, der durch Zu-spät-Kommen oder Sich-selbst-Überfordern entsteht, erfüllt bekommen. Ich bin stolz darauf, sagen zu können, dass ich ein Mensch bin, der Abenteuer und Begeisterung liebt. Ich bin weniger stolz darauf, sagen zu können, dass ich in die Falle geraten bin, diese Bedürfnisse auf ungesunde Weise zu erfüllen.

Stellen Sie sich vor: Ich bin bereit für die Arbeit. Ich bin heute gut in der Zeit. Tatsächlich bin ich zehn Minuten zu früh. Und was tue ich? Setze ich mich und ruhe mich aus, bete ich oder lese ich vielleicht ein wenig? Nein! Ich fange ein neues Vorhaben an, das mich derart in Anspruch nimmt, dass ich die Zeit vergesse und ich mich (Sie haben es erraten) daher verspäte! Warum tue ich das?

Ich tue das, weil ich den Adrenalinstoß liebe, den ich durch die Verspätung habe. Ich bin süchtig nach der Belastung, die ich habe, indem ich umherflitze, die Dinge in der letzten Minute erledige, sodass mein Blut pulsiert, sich meine Schritte beschleunigen, aber es mich auch verrückt, unproduktiv und reizbar macht!

Was ist mit Ihnen? Warten Sie bis zum letztmöglichen Tag, bevor Sie beginnen an einem Projekt zu arbeiten, das Sie drei Tage lang in Anspruch nehmen würde? Warten Sie bis zum letzten Tag, bevor Sie mit dem Zusammentragen Ihrer Steuerunterlagen beginnen? Es könnte sein, dass Sie den Adrenalinstoß dieses Last-Minute-Druckes brauchen.

Während der Studien für meine Doktorarbeit las ich über den Fall eines chronischen Zauderers. Obwohl dieser Mann ein unglaubliches Bedürfnis nach Abenteuer und Begeisterung hatte, war sein Leben gespickt mit Terminen und hatte einen festen Ablauf. So hat er sein Bedürfnis auf ungesunde Weise erfüllt bekommen – indem sein geschäftliches und privates Leben auf der Last-Minute-Basis ablief. Er war ein chronischer Zauderer! Um sein Bedürfnis nach Aufregung zu stillen, verschrieb ihm sein Arzt Fallschirmspringen!

Ich empfehle Ihnen nun nicht, mit dem Fallschirmspringen anzufangen, aber ich empfehle Ihnen, Ihre Wochen mit Aktivitäten auszufüllen, die Sie so begeistern, dass dieses Bedürfnis auf gesunde Weise erfüllt wird.

Sie brauchen mehr Kontrolle

Wenn Sie mehr Kontrolle über Ihr Leben brauchen, werden Sie sich so verhalten, dass Sie die Kontrolle steigern. Diese Methoden sind häufig ungesund und wenig vorteilhaft.

Eine weitere Frau, die ich beriet, wartete immer bis zur letzten Minute, ehe sie ihre Rechnungen bezahlte. Sie hatte Geld auf ihrem Konto, füllte den Scheck aber erst in der letzten Minute aus, sodass die Zahlungen oft zu spät eintrafen. Sie war sich völlig im Unklaren darüber, warum sie die Schecks so spät ausstellte, bis sie sich den Aspekt der Kontrolle ansah. Sie gab zu: „Ich fühle mich wie über den Tisch gezogen, ich möchte den Leuten das Geld erst geben, wenn ich dazu bereit bin."

Als sie ihre Einstellung bezüglich des Bezahlens von Rechnungen änderte, wurde ihr bewusst, dass sie für den Service dankbar war. Sie begann auch einzusehen, dass sie letztlich auch die Kontrolle über Kreditkarten hatte. Sie musste sie nicht benutzen. Aber wenn sie es tat, würde sie die monatliche Rechnung ohne Ärger in dem Bewusstsein zahlen, dass es ein Privileg und ihre Wahl ist, von den Annehmlichkeiten eines Kredits Gebrauch zu machen.

Wenn Sie ein Mensch sind, der mehr Kontrolle braucht, bewerten Sie Ihre Meinung, worüber Sie Kontrolle haben, neu. Danach beginnen Sie, diese Kontrolle zu üben. Sagen Sie nein, wenn Sie zu viel „auf dem Zettel" haben, sodass Sie zu den Dingen, die Sie wirklich tun wollen (und sollten), ja sagen können.

Bewerten Sie Ihren Glauben über Kontrolle neu. Bekommen Sie in den Griff, worüber Sie Kontrolle haben – und entscheiden Sie sich, alles andere loszulassen.

Sie brauchen mehr Einsamkeit

Beth kam an diesem Abend vor ihrem Ehemann nach Hause. Sie war erschöpft von all den Anforderungen am Arbeitsplatz und freute sich auf ein wenig Zeit allein. Als Tim nach Hause kam, begann sie umgehend eine Auseinandersetzung. Dann eskalierte die Auseinandersetzung und als sie die Tür hinter sich zuschlug, hörte sie sich sagen: „Ich mache einen Spaziergang".

Sie fragte sich: „Was ist gerade passiert?". Sie konnte sich nicht einmal erinnern, weswegen sie böse war.

Schauen Sie sich Beths Verhalten an. Sie bekam genau, was sie wollte. Sie war allein. Wenn Sie mehr Zeit für sich benötigen, werden Sie sich so verhalten, dass Sie es bekommen. Normalerweise sind diese Wege ungesund und wenig nutzbringend.

Was Beth hätte tun sollen, ist, ohne ein Gefühl der Schuld die

Wahrheit mitzuteilen, indem sie sagt: „Tim, ich brauche eine halbe Stunde für mich allein. Ich bin im Schlafzimmer (oder draußen, oder im Bad), um mich zu sammeln und zu entspannen."

Der magische Schlüssel hier ist, dieses Bedürfnis auf einer gesunden, bewussten Grundlage erfüllt zu bekommen. Fangen Sie an, Ihrem Ehepartner, Ihren Kollegen und sich selbst die Wahrheit zu sagen! Andauernd zu spät dran zu sein, sich selbst zu überfordern und sogar eine Auseinandersetzung vom Zaun zu brechen, könnte ein Warnsignal für sie sein. Wenn Sie ehrlich sagen, was Ihre angeborenen Bedürfnisse sind und Sie gesunde Wege finden, diese Bedürfnisse erfüllt zu bekommen, werden Sie sich befreien und in besserer Übereinstimmung mit dem leben, was Gott für Sie geplant hat. Wenn Sie den Mut haben, Ihre Freunde, Ihre Familie, Ihren Chef, oder auch sich selbst, um das zu bitten, was Sie brauchen, erlauben Sie gleichzeitig auch anderen, ihre angeborenen Bedürfnisse ebenfalls erfüllt zu bekommen.

Schauen Sie sich Ihre Verhaltensweisen an. Sie sind Botschaften von unerfüllten Bedürfnissen und versteckten Ängsten.

Wenn Sie an sich selbst Verzögerung, Vergessen von Verabredungen, Verpassen von Gelegenheiten oder irgendein anderes selbstsabotierendes Verhalten entdecken, seien Sie sich darüber im Klaren, dass diese Handlungen Ihre Angst ausdrücken. Angst hängt direkt mit negativem Glauben zusammen. Diese Überzeugungen veranlassen Sie, auf ein Problem zu reagieren statt darauf zu antworten. Negative Glaubenssysteme sind starke Antriebe, die Ihr Verhalten kontrollieren. Diese Anzeichen von Selbstsabotage treten jeden Tag im Leben eines Menschen auf, der von seinen Ängsten und dem negativen Glauben, den die Ängste repräsentieren, kontrolliert wird.

Wenn Sie eines sagen:

„Ich möchte eine innige Beziehung führen."

„Ich möchte „zweifacher Diamant" werden."

„Ich möchte einen Doktortitel bekommen."

„Ich möchte diese Werbung für meine Firma haben."

„Ich möchte finanziell abgesichert werden."

„Ich möchte weniger Stress in meinem Leben."

„Ich möchte mehr Spaß in meinem Familienleben."

... aber Ihre Handlungen (das, was Sie täglich tun) eine andere Botschaft erkennen lassen ...

Einen Tag vor Ihrer großen Verabredung werden Sie krank.

Sie wählen Leute aus, die unfähig sind Verpflichtungen einzugehen.

Sie verlegen eine wichtige Akte.

Sie führen trotz besseren Wissens weniger Verkaufstelefonate als für Ihren Erfolg erforderlich wären.

Sie schieben Dinge oft auf und verpassen Termine, oder Sie müssen sich oft beeilen und legen Arbeit von geringer Qualität vor.

Sie reagieren nicht auf Gelegenheiten um sich herum bzw. Sie nehmen sie noch nicht einmal wahr.

Sie erscheinen zu spät zur Arbeit oder zu wichtigen Sitzungen.

. . . dann sind Sie das Opfer von Selbstsabotage.

Selbstsabotage ist eine Reflektion Ihrer Ängste, verursacht durch negative Überzeugungen. Sie tritt immer dann auf, wenn Sie Angst (angetrieben durch negativen Glauben) mit Ihren Zielen in Verbindung bringen.

Lernen Sie, Ihre Verhalten zu betrachten. Fangen Sie an, indem Sie die folgenden, häufigsten Formen der Selbstsabotage noch einmal durchsehen bzw. überdenken. Diese Verhaltensweisen sind alles Warnsignale, die Ihre versteckten Ängste und negative Überzeugungen kundtun. Wie sabotieren Sie Ihren Erfolg?

Beispiele für fünf selbstsabotierende Verhaltensweisen:

Verhalten Nr. 1: Aufschub/Verschleppung

Verhalten Nr. 2: Unordnung

Verhalten Nr. 3: Aufsässigkeit / Wut

Verhalten Nr. 4: Geschäftigkeit / Mangel an Produktivität & Schwerpunkt

Verhalten Nr. 5: Perfektionismus / es anderen immer übermäßig recht machen wollen

1. Verhalten Nr. 1: Aufschub/Verschleppung

James Geschichte:

James hatte am Freitag einen Termin mit einem wichtigen, potentiellen Kunden. Er wollte ein „Mordsangebot“ abgeben, das ihm eine Vertragsunterzeichnung garantieren würde.

Am Dienstag schrieb er „Recherche für das Angebot“ in seinen Terminplaner. Als er am Abend auf diese Worte blickte, erschrak er, dass er es total vergessen hatte.

Am Mittwochvormittag saß er an seinem Schreibtisch und notierte seine heutigen Termine. Er hatte mehr als dreiundzwanzig Punkte auf der Liste, also wusste er, dass er das Angebot unmöglich heute bei der Arbeit schreiben konnte. Nein, er brauchte einen entspannten, ruhigen Rahmen, um dieses perfekte, dynamische Angebot zu schreiben. Er würde heute spät am Abend Zeit zum schreiben finden, wenn er ungestört war.

Am Freitag gegen zwei Uhr morgens, nachdem er mehr als drei Stunden an dem Angebot gearbeitet hatte, druckte er das fertige Werk, schaltete den Computer aus und schleppte sich mit der Hoffnung ins Bett, dass seine verbalen Fähigkeiten das schlecht geschriebene Angebot herausreißen würden.

Verhaltensbeispiele:

Sie schieben es auf, mit einer Aufgabe zu beginnen, die Sie erledigen müssen, um Ihr Ziel zu erreichen. Sie warten bis zur letzten Minute, eine wichtige Arbeit zu erledigen.

Selbstbegrenzender Glaube:

Ich arbeite unter Druck besser.

Ich will nicht tun, was ich nicht tun mag.

Ich sollte dies tun, weil ____________ denkt, ich sollte.

Versteckte Angst:

Angst vor Erfolg.

Sie sind nach dem Adrenalinstoß, der vom Warten bis zur letzten Minute kommt, süchtig und dann kämpfen Sie sich mit voller Geschwindigkeit voran, um Ihre Aufgabe zu schaffen.

Sie verknüpfen zu viel Schmerz mit dem Erreichen Ihres Zieles und mit dem Erlangen Ihres Erfolges. Sie haben Angst vor den Veränderungen, die Sie wegen des Erfolges werden machen müssen.

Sie arbeiten nicht wirklich in Richtung Ihres Traumes. Es ist der jemand anderes. Aber Sie sind nun so tief drin, dass Sie nicht wissen, wie Sie aufhören können. Seien Sie ehrlich und verlassen Sie, was Sie tun und beginnen Sie mit etwas, was Sie wirklich lieben.

2. Verhalten Nr. 2: Unordnung – Mangel an Schwerpunkt

Karens Geschichte.

Karen konnte in diesem Durcheinander nichts finden. Sie verbrachte soviel ihrer Zeit und Energie damit, wichtige Akten und Telefonnummern zu suchen, dass sie schon um zehn Uhr morgens erschöpft war. Sie entschied sich zu drastischen Maßnahmen. Sie stellte einen professionellen Organisator ein. Karen lernte viel über Organisation, aber sie wendete das System, das sie der professionelle Organisator lehrte, nicht an. Denn da war noch ein Problem.

Karen brachte nicht die Disziplin auf, um das neue System zu befolgen und nach einigen Tagen waren die Dinge genauso unorganisiert wie zuvor. Selbst nach der vielen Zeit die Karen mit dem professionellen Organisator verbracht hatte und dem ganzen Geld, das sie für ihn ausgegeben hatte, fehlte ihr noch immer der Schwerpunkt.

Verhaltensbeispiele:

Sie verlegen wichtige Papiere, Akten, Nummern und persönliche Sachen. Sie verbringen mit der Suche nach diesen Dingen viel Zeit. Sie haben noch kein System geschaffen, oder wenn doch, dann halten Sie sich nicht daran. Sie haben kein gutes Ordnungssystem. Es fehlt Ihnen an Fokus.

Selbsteinschränkende Einstellung:

Erfolg muss beschwerlich sein.

Um als wichtig angesehen zu werden, muss ich Probleme haben.

Trotz der Unordnung finde ich immer alles. Außerdem arbeite ich im Chaos besser.

Wenn ich es nicht zu Ende führe, versage ich auch nicht.

Ich möchte es nicht einmal wissen, dann muss ich auch kein

Verpflichtungen eingehen.

Ich möchte nicht zu erfolgreich erscheinen, die Leute könnte mich egoistisch nennen.

Schwerpunkte zu setzen bedeutet, Verpflichtungen eingehen zu müssen.

Es ist einsam an der Spitze.

Versteckte Angst:

Angst vor Erfolg.

Sie glauben, Erfolg muss wirklich hart erarbeitet werden, deshalb ziehen Sie mehr Probleme an, als Sie tatsächlich haben. Sie denken, Probleme zu haben, erweckt den Anschein von Erfolg.

Sie haben schreckliche Angst davor, sich auf ein Projekt, eine Beziehung oder irgendeine andere Verpflichtung einzulassen. Sie haben Angst vor dem, was passieren würde, wenn Sie wirklich ernsthaft auf etwas zusteuern und Ihr Ziel erreichen.

Eine Ihrer Einstellungen besagt: „Mach es nicht zu gut sonst werden die Leute eifersüchtig und werden dich nicht mögen". Sie wollen nicht, dass die Leute glauben, Sie wären anmaßend. Deshalb versuchen Sie ab und zu, furchtbar auszusehen und somit nicht zu erfolgreich zu werden.

Sie haben Angst, für irgendjemanden verantwortlich zu sein, weil Sie niemanden im Stich lassen wollen. Wenn Sie keine Verpflichtungen eingehen, müssen Sie nie erwachsen werden.

Sie leben das, was ein anderer sich für sein Leben erträumt. Sie sind so sehr daran gewöhnt, das zu tun, was andere Ihnen sagen, dass Ihnen nicht einmal bewusst ist, dass Sie nicht wissen, was Sie wollen.

3. Verhalten Nr. 3: Aufsässigkeit – Wut

Ricks Geschichte:

Rick engagierte mich, weil ich ihm helfen sollte, seine Präsentationsfertigkeiten zu verbessern. Er wollte sein Kreditgewerbe durch das Anbieten von öffentlichen Seminaren weiter ausbauen. Er hatte schon ein paar Seminare mit katastrophalen Ergebnissen abgehalten. Nachdem ich seine Unterlagen durchgesehen und einige Zeit mit ihm verbracht hatte, wusste ich, dass etwas anderes als seine Präsentationsfertigkeiten die Ursache für das Scheitern seiner Seminare war. Rick litt vielmehr unter seiner negativen Meinung über öffentliche Redner. Diese negative Überzeugung verhinderte, dass er in diesen Seminaren erfolgreich war!

Ich bat ihn, alle Assoziationen, die er zu dem Begriff „Finanzplaner" hatte, aufzuschreiben. Ich sah, dass er mit diesem Wort nur Positives verband. Großartig! Aber, als ich ihn bat, alle Worte, die er mit dem Begriff „öffentlicher Redner" in Verbindung bringen konnte, aufzuschreiben, notierte er erstaunlicherweise Phrasen wie: „Redner sind arrogant", „Redner sind unaufrichtig", „Redner sind unseriös und durchtrieben". Das also war es! Aufgrund seiner negativen Einstellung über öffentliche Redner, konnte ihm sein Unterbewusstsein nicht erlauben, in diesen Seminaren erfolgreich zu sein. Rick musste seine negative Einstellung, die er über das Reden hatte, durch eine bestärkende Überzeugung ersetzen, bevor er Erfolg haben konnte.

Wenn Sie negative Einstellungen bezüglich Ihrer Aufgabe haben, werden Sie unweigerlich Angst mit Ihrem Ziel verknüpfen. Und kein in Zielsetzungs-Workshops investiertes Geld oder hierfür verbrachte Zeit wird Sie jemals davon befreien, solange, bis Sie die negative Einstellung hinter Ihrer Angst bewusst gemacht haben.

Verhaltensbeispiele:

Sie verbinden Leid, Kontrollverlust oder den Verlust Ihres Selbst mit Ihrem Ziel. Auch wenn Sie sagen, dass Sie dieses Ziel erreichen möchten, wehren Sie die Chancen eigentlich ab, damit Sie dieses Leid und die negative Empfindung nicht erleben müssen.

Sie sehen Termine, Rechnungen und Steuern als Zeichen von Autorität. Sie warten mit der Bezahlung von Rechnungen, um die Kontrolle über ihr Geld zu behalten. Sie lehnen sich gegen einen Termin auf, weil er die Kontrolle über Sie symbolisiert.

Selbsteinschränkende Einstellung:

Ich will nicht tun, was ich gerne tue.

„Sie" sind darauf aus, mich zu dranzukriegen.

Erfolgreiche Menschen müssen „das" nicht tun.

Die Leute erwarten zu viel von mir.

Versteckte Angst:

Angst vor Versagen.

Sie haben Angst, die Kontrolle zu verlieren. Sie legen etwas auf Eis, von dem Sie sagen, dass Sie es wirklich wollen, weil Sie dann das Gefühl haben, dass Sie Kontrolle über „die anderen" haben. Ihr Ziel deckt sich nicht mit Ihren Überzeugungen.

4. Verhalten Nr. 4: Geschäftig aber unproduktiv

Tims Geschichte:

Tim ist begeistert. Er hat gerade ein neues Geschäft im Direktvertrieb begonnen. Er hat die Unterlagen über die Firma und die Produkte gelesen und sagt, er sei startbereit. Aber er fängt nicht an, seine Interessentenliste abzutelefonieren.

Er sagt zu seinem Sponsor (derjenige, der ihm die Geschäftsmöglichkeit vermittelt hat): „Ich sollte wirklich etwas mehr über das Unternehmen wissen, bevor ich anfange. Bevor ich mit dem Verkaufen beginne, muss ich alle Produkte ausprobieren."

„Okay", erwidert sein Sponsor, „nehmen wir an, du hast alles über das Unternehmen gelesen und alle Produkte probiert. Was dann?"

Tim begann sich unwohl zu fühlen, als er sich vorstellte, wie er die Produkte „verkaufte".

Bald ahnte er, auf was sein Sponsor hinauswollte. Er ließ es zu, dass seine „Perfektion" seinem Erfolg im Weg stand. Zusammen kamen sie zum Kern von Tims innerer Einstellung zum Verkaufen und seiner Angst, die aus dieser Einstellung entstand.

„Ich möchte einfach nicht, dass die Leute mich für penetrant halten", gab Tim schließlich zu. „Verkäufer drängen anderen ihre Produkte auf, ohne zu wissen, ob sie ihnen wirklich helfen."

Manche Menschen werden sehr geschäftig, um sich nicht darauf konzentrieren zu müssen, genau das abzuschließen, was sie tun müssten, damit sich ihr Erfolg einstellt. Wenn sie niemals die Zeit haben, das zu erledigen, was sie sich vorgenommen haben, bleibt ihnen immer noch die Entschuldigung, dass sie einfach zu viel zu tun hatten.

Verhaltensbeispiele:

Ihr Terminkalender ist überladen. Sie beschäftigen sich mit allem Möglichen. Es gefällt Ihnen, Verschiedenes auszuprobieren. Sie langweilen sich schnell, so dass Sie Vorhaben öfter nicht zu Ende führen, bevor Sie sich schon dem nächsten, neuen und aufregenden zuwenden. Sie sagen jedem zu, der Sie um Ihre Hilfe bittet. Manchmal beschwören Sie Auseinandersetzungen herauf und Sie wissen nicht, worüber Sie wütend sind.

Selbstbegrenzende Einstellung:

Die Zeit reicht nie aus.

Erfolgreiche Menschen sehen beschäftigt aus.

Wenn ich nein sage, mögen mich die Leute nicht.

Ich kann einfach nicht nein sagen.

Mein Leben ist wie eine Seifenoper und ich bin der Star!

Wenn es das nicht bringt, dann bringt es eben etwas anderes.

Versteckte Angst:

Angst vor Erfolg / Angst vor Versagen.

Wenn Sie sich auf eine Sache einlassen, haben Sie große Angst, sich bald damit zu langweilen. Wenn Sie sich genug Zeit nehmen, würde Ihnen der Adrenalinstoß fehlen, der durch den Aufschub entsteht.

Sie glauben, Sie müssen beschäftigt aussehen, um erfolgreich zu sein. Daher beschäftigen Sie sich mit kleinen Aufgaben, aber kommen niemals zu der einen Sache, die Sie wirklich erledigen müssen. Ihnen fehlen Richtung und Schwerpunkt, weil Ihr Ziel mit negativen Überzeugungen und Assoziationen behaftet ist.

Sie sagen jedem zu, der Sie um etwas bittet. Sie können einfach nicht nein sagen, weil Sie niemanden im Stich lassen wollen oder verhindern wollen, dass es so aussieht, als ob Sie überfordert wären. In Wirklichkeit aber, wenn Sie zu jedem, der Sie um etwas bittet, ja sagen, beschneiden Sie Ihren eigenen Erfolg. Wenn Sie eine Aufgabe übernehmen, die jemand anderes erledigen sollte, bringen Sie denjenigen letztlich um die Früchte seiner Arbeit.

5. Verhalten Nr. 5: Perfektionismus – es anderen immer recht machen wollen

Verhaltensbeispiele:

Sie lesen Schulungsunterlagen immer und immer wieder und

fangen erst mit der Arbeit an, wenn Sie die Übungen beherrschen. Sie vermeiden Konfrontation. Sie würden fast alles tun, um einen wütenden Kunden, Freund oder Ehepartner zu beschwichtigen.

Selbstbegrenzende Einstellung:

Das muss richtig gemacht werden.

Ich kann das. Es sollte von der Hand gehen.

Wenn du nicht irgendetwas Nettes sagen kannst, sag überhaupt nichts.

Alles, was wert ist, dass man es tut, ist es wert, perfekt getan zu werden.

Wenn ich das hier gut mache, erwartet man von mir, dass ich immer alles gut mache.

Ich könnte es wirklich schaffen, wenn ich nur __________ hätte.

Versteckte Angst:

Angst vor Versagen.

Ihre Angst, einen Fehler zu machen und dabei „ertappt" zu werden, dass Sie Fehler machen und nicht perfekt sind. Ihre Angst, eine Situation nicht unter Kontrolle zu haben und Ihr Gesicht zu verlieren oder von anderen zurückgewiesen zu werden. Ihre Angst, sich zu „schmutzig zu machen" und nicht den Anschein zu erwecken, als hätten Sie die Dinge im Griff.

Sie hassen Konflikte. Sie überlassen Führungspositionen lieber anderen, weil Sie sich so sehr wünschen, dass die Leute Sie mögen. Sie werden dieses Muster erst durchbrechen, wenn Sie aufgehört haben, die Leute und das, was sie über Sie denken, zu fürchten. Ich hörte einmal einen Pastor sagen, dass wir unser Leben erst dann in vollen Zügen leben können, wenn wir unsere Furcht vor den Menschen verlieren und die Furcht vor Gott erlangen.

Wie lautet die versteckte Botschaft der Angst, die unser Verhalten aussendet? Wenn Sie sich der selbstbeschränkenden Einstellung, die der Grund ist für negative Verhaltensweisen (Selbstsabotage), bewusst werden, durchbrechen Sie den Zwang, den diese Verhaltensweisen auf Sie ausüben. Sagen Sie die Wahrheit. Sagen Sie es einem Fremden. Sagen Sie es einem Freund oder Familienmitglied. Sagen Sie es sich selbst, aber identifizieren Sie selbstbeschränkende Einstellung schonungslos und indem Sie das tun, werden Sie von dessen Zwängen befreit werden.

Selbstbegrenzende Einstellung:

Ich verdiene das nicht.

Verkaufen ist mühsam.

Wenn etwas wert ist, dass man es macht, ist es auch wert, dass man es perfekt macht.

Es ist Ihnen nicht bewusst, dass Sie Ihren Erfolg sabotieren – aber Ihre Handlungen und Verhaltensweisen verraten die Wahrheit. Angst und negative Einstellung äußern sich in hohem Maße durch Selbstsabotage.

Selbstsabotage ist ein Missverhältnis zwischen dem, was Sie vorgeben wollen und dem, was Ihre Handlungen zeigen. Ihr Unterbewusstsein ist mächtig. Sein Job ist, Sie in Sicherheit zu wahren. Also, wenn es durch negativen Glauben verursachte Furcht erkennt, wird es alles tun, damit Sie Ihre Ziele nicht erreichen. Wenn Sie Ihrem Ziel Furcht anheften, wird Ihr Unterbewusstsein seinen Job machen, nämlich für Ihre Sicherheit sorgen und alles und jeden abweisen, der Sie veranlassen könnte, erfolgreich zu sein. Sie werden Ihren Erfolg sabotieren, wenn Ihre Angst (und die negativen Einstellungen, die sie repräsentiert) beginnen, die Oberhand zu gewinnen.

Schieben Sie manchmal genau die Dinge auf die lange Bank, die Ihnen garantiert Erfolg einbringen? Haben Sie schon einmal die Kontaktdaten eines Kunden verloren oder wichtige Unterlagen verlegt? Haben Sie schon einmal mit jemandem zu streiten begonnen, ohne sich im Nachhinein überhaupt daran erinnern zu können? Haben Sie jemals viel an Gewicht zugenommen? Haben Sie schon einmal bis zur letzten Minute gewartet, bevor Sie eine wichtige Arbeit erledigt haben?

Warum machen wir solche Sachen? Warum bereiten wir uns absichtlich Stress und Kummer, insbesondere dann, wenn wir sagen, dass wir uns anders verhalten wollen? Wenn unsere Ziele (Bilder des Erfolges) nicht mit unseren Überzeugungen übereinstimmen, beginnen Angst und all ihre Verwandten (Ängstlichkeit, Verzögerung, Sabotage, Sorge) einzusetzen und unseren Erfolg zu ersticken.

Sie können Ihr sabotierendes Verhalten durch Identifizieren und Durchbrechen der negativen Überzeugung, der Ihre Furcht verursacht, stoppen. Es sind nicht wirklich Verzögerung oder Mangel an Organisation oder Aufsässigkeit oder Geschäftigkeit oder Perfektion, die Ihren Erfolg verhindern. Es sind Furcht und Ihre negative Einstellung, die Ihr sabotierendes Verhalten begründen und nähren. Diese Verhaltensweisen sind nicht das Problem. Sie sind die Symptome des Problems. Wenn Sie Ihrer Angst entgegentreten und die negativen Überzeugungen, die sie repräsentiert, ändern, setzen Sie Ihrem selbstsabotierenden Verhalten für immer ein Ende!

Lesen Sie weiter und finden Sie heraus, wie Sie dem Irrsinn der Selbstsabotage und all den anderen Verhaltensweisen, die Sie vom Erreichen Ihrer Ziele abhalten, ein Ende bereiten.

*„Wenn Sie glauben, Sie
können, dann können Sie.
Und wenn Sie glauben,
Sie können nicht,
dann haben Sie recht."*
– Mary Kay Ash

Kapitel 3

Durchbrechen Sie die selbstbegrenzenden Vorstellungen, die Ihren Erfolg verhindern

Sie können die Kontrolle darüber haben, was Sie glauben. Überzeugungen sind wie Jacketts – austauschbar. Wenn Ihnen eines nicht passt, können Sie es ausziehen und eines anziehen, das besser passt. Aber zuerst müssen Sie Ihre negativen Überzeugungen und die Angst, die sie repräsentieren, erkennen und eingestehen.

Ich weiß, das anzunehmen, kann schwer sein. Ich fand es an diesem Tag auf den Bermudas und in den folgenden Monaten zweifellos schwierig, als ich mich meiner Angst gegenüberstellen und die negativen Überzeugungen, die meine Angst repräsentierten, erkennen musste. Sie mögen denken: „Wie könnte mir das passieren? Ich benutze all die Techniken, die ich in meinen Zielsetzungskursen gelernt habe. Ich denke positiv und visualisiere meinen Erfolg.“ Obwohl all diese Dinge wichtig sind - und genau damit werden wir uns noch später in diesem Buch befassen – zuerst müssen Sie wissen, dass Ihre Überzeugung stärker ist als Ihr positives Denken und Ihre Visualisierungstechniken. Sie sehen, so wichtig diese Strategien auch sind, sie haben mit dem Kopf zu tun. Die Methode, einen lebenslangen Wandel zu kreieren geht über das Herz. Angst und die Überzeugungen, die sich in dieser Angst manifestieren, erfordert beides: sowohl eine Veränderung des Herzens als auch im Kopf.

Sie sind mit dieser Herausforderung nicht allein. Alle Menschen auf dem Weg zum Erfolg müssen sich dem System ihrer negativen Überzeugung stellen. Der erfolgreiche Mensch hat einfach gelernt, dass das einzige, was ihn vom Erreichen seiner Ziele abhält, sein Glauben und Denken ist. Die Kernbotschaft dieses Buches ist: Nur Sie selbst haben die Kontrolle über Ihre Gedanken und Meinungen. Wenn Sie sich für eine handlungsfähige Denkweise entscheiden und ihr bisheriges Denken ändern, dann beherrschen Sie die perfekte Kombination für lebenslangen Erfolg.

7. Wahrheit

**Ändern Sie Ihre Einstellung und Sie ändern Ihr Verhalten.
Ändern Sie Ihr Verhalten und Sie ändern Ihre Ergebnisse.
Ändern Sie Ihre Ergebnisse und Sie ändern Ihr Leben.**

Der Durchbruch von Bermuda geht weiter

Später an jenem Tag auf den Bermudas versuchte ich eine Übung, die meine Karriere veränderte. Ich nahm ein Blatt Papier und schrieb oben auf die Seite das Wort „Millionär“. Dann listete ich alle Assoziationen, die ich in meiner Denkweise zu diesem Wort hatte, auf.

Was da herauskam, schockierte mich. Ich schrieb: „Millionäre sind egoistisch.“ „Millionäre sind so beschäftigt, sie sind keine guten Eltern.“ „Millionäre sind nicht vertauenswürdig.“ Wo kam das her? Der Grund für meine Schwierigkeiten wurde offensichtlich.

Mein Unterbewusstsein wehrte tatsächlich Erfolg ab, um mich zu beschützen. Warum? Wegen all der negativen Überzeugungen und Mühen, die ich mit der Erreichung dieses Zieles verbunden hatte. Mir ging nicht nur ein kleines Licht auf, sondern ein ganzes Feuerwerk.

Aus den „Oohs“ und „Ahhs“ wurde ein prächtiges „Aha!“ Das war der Durchbruch, ich erkannte, dass ich etwas unternehmen musste, um diese negative Überzeugung zu ändern.

Ich begann damit, dass ich gleich von den Bermudas aus meinen Mann anrief und ihm mitteilte, aufgrund welcher Ängste und Gründe ich mich selbst daran gehindert hatte, vorwärts zu kommen. Seine Erwiderung war: „Gott sei Dank, endlich siehst du es ein!“ Als ich nachhause kam, stieg ich aus dem Flugzeug und Mark empfing mich mit einem großen Blumenstrauß und einer Karte, auf der stand: „Ich liebe dich. Nun lass uns an die Arbeit gehen!“ Es war eine dieser tränenreichen Flughafenszenen, die wir alle schon millionenfach gesehen haben. Ich erkannte glücklich, dass er nicht der gefühllose Tyrann war, als den ich ihn oft beschuldigt hatte (oder wollte, dass er wäre).

Motivierende Überzeugungen annehmen

Als ich wieder zu arbeiten begann, wusste ich, dass es für mich dringend notwendig war, damit zu beginnen, meine Meinung über das Erfolgreich-Sein zu ändern. Ich musste positive Assoziationen mit ihm in Verbindung bringen, um erfolgreich zu sein. Ich heftete mir das Zitat „Geld bietet dir Wahlmöglichkeiten“ in Augenhöhe an die Wand. Ich dachte an alle mir bekannten Beispiele von erfolgreichen Menschen, die anderen helfen und ihren Erfolg nutzen, um Gutes zu tun. Ich hing ein persönliches Zitat an die Wand, und begann, nach diesem einfachen Prinzip zu leben:

Ändern Sie Ihre Einstellung und Sie ändern Ihr Verhalten.

Ändern Sie Ihr Verhalten und Sie ändern Ihre Ergebnisse.

Ändern Sie Ihre Ergebnisse und Sie ändern Ihr Leben.

Ich vervollständigte den Durchbruch, den ich auf den Bermudas begonnen hatte, mit der folgenden Übung. Ich fertigte ein Poster an, das Bilder von allen positiven Assoziationen zeigte, die mir im Zusammenhang mit dem Begriff „Erfolg“ einfielen. Ich konnte meiner Kirche helfen, ihre Lehre zu verbreiten. Ich konnte einem aufstrebenden Redner helfen. Ich konnte mit meiner Familie reisen und meinen Kindern verschiedene Kulturen nahe bringen. Die Möglichkeit, die mich am meisten in Aufregung versetzte, war, dass ich meine Mutter zu einem Urlaub auf Hawaii einladen könnte. Nur wir zwei!

Als ich anfing, meine Vorstellungen zu verändern und positive Assoziationen mit meinem Ziel, eine erfolgreiche Rednerin zu sein verknüpfte, nahm meine Karriere einen enormen Aufschwung. Ich nutzte die Kraft der Vision, um mich jeden Tag aufs Neue zu motivieren. Ich stellte inspirierende Bilder der Orte, die wir besuchen wollten, auf, ich notierte mir die Namen von Stiftungen, die ich unterstützen könnte, und ich hängte die Kleidung, die ich auf meinem Flug nach Hawaii tragen würde, außen an meinen Kleiderschrank.

Gerade einmal neun Monate nach diesem lebensverändernden Durchbruch hatte ich mehr Termine in meinem Kalender als jemals zuvor in meiner Karriere. Ich fühlte mich großartig, als ich meiner Kirche Geld für die Anschaffung von Cappuccinomaschinen für ihr Pfarramt gab. Es machte Freude, fremden Leuten (manchmal anonym) jeweils dann Geld zu schicken, wenn ich wusste, dass sie es wirklich gerade gut gebrauchen konnten. Aber, am besten fühlte ich mich, als die Kleidung, die solange an meinem Schrank gehangen hatte, tatsächlich trug und fünf unglaubliche Tage mit meiner Mutter auf Hawaii verbrachte!

Was machte den Unterschied aus? Wie habe ich mein Leben in so kurzer Zeit verändert? Ganz einfach, ich änderte meine Überzeugungen, und das veränderte meine Art zu denken. Mein zögerliches, kontraproduktives und ängstliches Verhalten, sowie andere Verhaltensweisen waren Zeichen meiner negativen Einstellung. Ich wusste, ich konnte diese Gewohnheiten erst ändern, wenn ich die Einstellung dahinter veränderte. Dinge wie „hör einfach auf, zu zögern“ oder „denke positiv“, zu sagen, waren nicht genug.

Manchmal gelang es mir, mein zögerliches Verhalten eine Zeitlang zu unterlassen. Aber, weil ich mich nicht mit meiner Angst befasste, und ich die negative Einstellung, die sie symbolisierte änderte, fand ich eine andere Form der Selbstsabotage, die mich daran hinderte, erfolgreich zu sein. Es war ein ermüdender Teufelskreis. Als ich anfing, meine Überzeugungen in Bezug auf Erfolg, mich selbst, mein Leben und Gott zu verändern, änderte sich mein Verhalten automatisch. Selbsteinschränkende Überzeugungen sind erlernte Verhaltensweisen. Und alles Erlernte kann man auch wieder verlernen. Handlungsweisen können nur geändert werden, wenn Sie die Überzeugungen, die sie verursachen, und Ihre Art zu denken, ändern.

Ihr Zugang zu dieser lebensverändernden Reise beginnt mit der Auflistung all Ihrer negativen Einstellungen und dem Ersetzen dieser durch eine bestärkende Wahrheit.

1. Alte Überzeugung: Es ist nie genug Zeit.

Neue Überzeugung: Gott in seiner unendlichen Weisheit schuf ausreichende vierundzwanzig Stunden Zeit.

Es ist immer genug Zeit, um das zu tun, was Sie wirklich tun möchten. Menschen, die Prioritäten setzen, lernen, nein zu sagen, haben eindeutige Ziele und finden ausreichend Zeit, die wichtigsten Dinge zu Ende zu bringen. So etwas wie Zeit in Ewigkeit gibt es nicht. Fangen Sie an, in „Hülle und Fülle“ zu denken, und Sie werden Ihren Geist umschulen, zu glauben, dass es immer genug Zeit gibt.

2. Alte Überzeugung: Unter Druck arbeite ich besser.

Neue Überzeugung: Ich arbeite am besten, wenn ich mir ausreichend Zeit für die Erledigung meiner Aufgaben zugestehe.

Sie mögen glauben, dass Sie besser arbeiten, wenn Sie durch Druck motiviert sind. Es könnte aber auch sein, dass Sie nach der Hektik süchtig sind, die aus so einem Leben und Arbeiten hervorgeht. Wenn Sie reichlich Zeit hätten, ein Projekt zu vollenden, Sie wären von der Verbesserung und der erhöhten Kreativität überwältigt.

3. Alte Überzeugung: Da ist immer irgendetwas.

Neue Überzeugung: Für jedes Problem gibt es eine Lösung.

Die meisten Menschen würden lieber im Chaos leben, als ein langweiliges Leben zu führen. Wenn Sie wie die meisten sind, könnte es sein, dass Sie Probleme deshalb anziehen, weil es Ihnen das Gefühl gibt, dass ihr Leben wichtig ist. Obwohl auf Ihrem

Weg zum Erfolg Probleme zu beseitigen sind, sind sie kein Ihnen auferlegter Fluch. Jeder hat Probleme. Sie müssen Ihre Probleme in einem anderen Licht sehen. Sie sind nur ein Teil des Lebens. Übertreiben Sie keinesfalls ihre Bedeutung und verhindern Sie, dass sie Ihr Leben beherrschen.

4. Alte Überzeugung: Alles, was es wert ist, getan zu werden, ist es wert, perfekt getan zu werden.

Neue Überzeugung: Alles, was es wert ist getan zu werden, ist es wert, so lange versucht zu werden, bis es gelingt.

Der Microsoft-Gigant Bill Gates hatte in seiner Firma eine kuriose Regel. Er sagte seinen Leuten, dass eine Idee nur dann kreativ genug ist, wenn dreimal über sie gelacht wird.

Tom Watson von IBM stellte einmal einen Mann ein, der auf den Wertpapierbestand der Firma aufpassen sollte. Bei einer Gelegenheit verlor dieser Mann im Namen der Gesellschaft Millionen von Dollar. Als der unglückliche Angestellte vor den Geschäftsführer trat, um ihm seine Kündigung zu übergeben, sah Dr. Watson ihn an und sagte: „Sie haben dieses Unternehmen gerade Millionen von Dollar gekostet, damit Sie etwas lernen. Sie sind der Letzte, die diese Firma verlässt!"

Diese Firmengiganten sehen Misserfolg völlig anders. Ähnlich wie sie, müssen Sie Ihre Definition von Versagen neu durchdenken und es als eine unschätzbare (amüsante) Ausbildung ansehen.

5. Alte Überzeugung: Wenn ich nein sage, mögen mich die Leut nicht.

Neue Überzeugung: Wenn ich bei manchen Gelegenheiten nein sage, kann ich zu den besseren ja sagen.

Was war eines der ersten Wörter, die Sie jemals gelernt haben? Wahrscheinlich das Wort nein. Sie haben dieses Wort in Ihrer Kindheit oft benutzt, weil es Ihnen Macht gegeben hat. Dieses Wort bietet im Erwachsenenalter immer noch Macht. Es kann Ihnen Sicherheit geben, indem es Ihnen ermöglicht, ein Angebot, das nicht zu Ihrem Besten ist, abzulehnen. Es kann Ihre Balance im Leben gewährleisten, indem es Ihnen hilft, sich nicht zu überfordern. Das Benutzen des Wortes nein lässt Sie zu Ihren Verpflichtungen stehen, wenn Sie durch die Verlockungen versucht sind, vom Kurs abzukommen, Sie aber nein zu der Versuchung sagen und auf dem richtigen Weg bleiben.

Wenn Sie das Wort nein respektieren, gestatten Sie sich und anderen, es zu benutzen, und aufgrund dessen erkennen Sie Freiraum.

6. Alte Überzeugung: Erfolgreiche Menschen haben immer zu tun.

Neue Überzeugung: Erfolgreiche Menschen leben ein Leben, das sie lieben und sind damit in Einklang.

Jeden Morgen beobachten Sie diese Frau im Businessanzug, wie sie in Ihr Starbucks-Cafe vor Ort saust, um ihren doppelten Espresso-Cappuccino zu trinken. Ihr Handy klingelt laufend, während sie ungeduldig auf ihr legales Weckmittel wartet. Nachdem sie diverse Päckchen Zucker hineingeschüttet und wild umgerührt hat, rennt sie wie wahnsinnig zu ihrem Auto, um sich mit ihrem arbeitsreichen Leben zu befassen. Sie denken sich: „Die Frau muss erfolgreich sein."

Zu oft setzt die Gesellschaft Erfolg mit geschäftig sein gleich. In Wirklichkeit ist die erfolgreiche Person diejenige, die ein ausgewogenes Leben lebt.

7. Alte Überzeugung: Wenn du möchtest, dass etwas richtig gemacht wird, musst du es selber machen.

Neue Überzeugung: Wenn du möchtest, dass etwas richtig gemacht wird, überlasse es demjenigen, der es am besten kann.

Es mag für Sie schwierig sein, zu delegieren, weil Sie glauben, Sie verlieren die Kontrolle. Sie würden sich lieber überarbeiten, als auf Befugnisse zu verzichten.

Jedoch räumen Sie nicht nur sich selbst den Freiraum ein, Ihre Aufgabe mit zielstrebiger Sichtweise zu vollenden, sondern Sie geben sich auch das Privileg, andere im Glanz ihrer Talente zu beobachten, wenn Sie sich mit kompetenten Leuten umgeben und ihnen erlauben, ihren Job zu machen.

Wenden Sie diese neuen Überzeugungen an und machen Sie sich sie zu eigen. Schreiben Sie diese auf Karteikarten ab oder formulieren Sie Ihre Überzeugungen mit eigenen Worten und eigener Wahrheit und befestigen diese in Ihrem Büro, Auto und Zuhause. Denken Sie während des ganzen Tages darüber nach und pflanzen Sie Ihren neuen Glauben in Ihr Herz. Umgeben Sie sich mit Wahrheit und Sie werden Ihre selbstbegrenzenden Überzeugungen erschüttern sowie Ihr Potential jeden Tag in vollen Zügen leben können.

„Die Wahrheit ist, dass man immer weiß, was zu tun ist. Die Schwierigkeit besteht darin, es zu tun."

– General H. Norman Schwarzkopf

Kapitel 4

Sich ein eigenes, kraftvolles Glaubenssystem erschaffen

Ihr Glaubenssystem kann mit den Beinen eines Tisches verglichen werden. Je mehr Vertrauen Sie haben, desto stabiler und stärker werden Sie sein.

Der Urglauben, in dem alle anderen Überzeugungen ihre Ursache haben, ist Ihr Glaube an Gott. Ein Glaube an einen ultimativen Schöpfer und Erhalter des Lebens ist der Kern zum Erfolg.

Durch diesen Urglauben erhalten Sie unerschütterliches Vertrauen. Das Wesentliche, das mir zur Zeit meines Durchbruchs von Bermuda fehlte, war eine persönliche Beziehung zu Gott. Ich wusste, dass ich Zeit verbringen musste, um wieder mit Gott vertraut zu sein. Ich hatte mich dieser spirituellen Nähe schon einmal erfreut, aber, zu meiner eigenen Entschuldigung, ich hatte damit aufgehört. Seine Kraft war mir unbekannt, weil ich keine Zeit mit Ihm verbrachte. Mir fehlte das unerschütterliche Vertrauen, weil ich keine Zeit mit dem Einen verbrachte, der Vertrauen vermittelt. An diesem Tag ging ich die Verpflichtung ein, jeden Tag eine Stunde mit Gott zu verbringen. Ich würde beten, in der Bibel lesen und aufschreiben, was Er mir zeigte, dass ich tun sollte. Es hat mein Leben verändert!

Ich fühlte mich durch die Entscheidung, täglich eine Stunde mit Gott zu verbringen, so bestärkt! Ich wusste, mein Leben würde ein aufregender, abenteuerlicher Weg sein und am wichtigsten, dass es Auswirkungen für alle Ewigkeit haben würde.

Ich denke, der Grund, warum es so einfach für mich war, diese Verpflichtung mit Gott einzugehen, war aufgrund meiner Familienverhältnisse. Früher hatte ich die Kraft, die aus einer persönlichen Beziehung zu Gott herrührt, aus erster Hand erfahren.

Mein persönliches Zeugnis

Ich hatte das Glück, in einem christlichen Haus aufzuwachsen. In jungen Jahren wurde mir beigebracht, dass Gott mich liebt und einen Plan für mein Leben hat.

Meine Mutter lebte ihr Vertrauen in jedem Aspekt ihres Lebens aus. Ich sah es jeden Tag. Ich dachte, weil sie eine gläubige Frau war, würde auch ich durch ihr Vertrauen im Glanze Gottes stehen und in seinem Königreich angenommen werden. Aber, eines Samstag nachmittags, als ich an einem wunderschönen See saß, fand ich heraus – durch einen ganz Fremden – dass ich unrecht hatte!

Als ich 15 Jahre alt war, ging ich in den Gottesdienst einer unkonfessionellen Kirche. Nach der Predigt ging ich am See spazieren. Es war ein schöner Tag. Ich war erst kurz unterwegs, als ein junger Mann auf mich zu kam und anfing, über die frohe Botschaft des Evangeliums zu reden. Er erzählte mir, dass die Geschichte die Person namens Jesus von Nazareth, der zur Erde kam, ein perfektes Leben lebte, durch Kreuzigung starb und vom Tode auferstand, anerkennt. Er erzählte mir, dass Jesus das goldrichtige Opfer, der Erlöser, der Messias war, der für jeden, der glaubt, „alle Sünden dieser Welt fortspült".

Gut, das wusste ich alles. Ich fing an, diesem total fremden Menschen zu erzählen, dass ich eine gläubige Mutter und Gott durch sie kennen gelernt hatte. Er schaute mich neugierig an und sagte: „Wir alle sind fehlerhafte Menschen – individuelle Sünder – die von einem heiligen und perfekten Gott getrennt sind. Jeder von uns, individuell, muss den Heiland anrufen."

Es kam etwas über mich, das mich wirklich zuhören ließ und irgendwie verstand ich die Botschaft, die dieser Kerl lehrte. Ich wusste, dass ich diese Wahrheit mit meinem eigenen Herzen und meinem eigenen Verstand annehmen musste. Ich hatte es durch meine Mutter angenommen, aber an diesem Tag, glaube ich, hat Gott mich als ein Individuum gefragt, ob ich bereit bin, Sein großes Opfer und Ihn als meinen Retter anzunehmen.

Also, genau hier auf der Bank am See, habe ich Jesus als meinen persönlichen Retter mit meinem eigenen Herzen und Verstand akzeptiert. Es war überwältigend! Ich habe niemals so einen Frieden, eine Freude und bedingungslose Liebe gekannt.

Ich erlag der puren Liebe! Fünfzehn Jahre später rief mich dieselbe Stimme zu ihm zurück. Mit derselben kindlichen Stimme antwortete ich: „Ich bin hier, Herr und ich liebe dich."

An diesem Tag realisierte ich, dass ich völligen Zugang zu Gott und all seiner Macht hatte... so wie Sie.

Hören Sie ihn Ihren Namen rufen und spüren Sie, dass er auch Sie näher zu sich zieht? Sie müssen sich weder herausputzen noch schick machen oder herrichten, um eine persönliche Beziehung mit Ihm zu haben. Sie müssen nur zu Ihm kommen – genau so, wie Sie jetzt sind. Er erledigt den Rest. Sie müssen Ihr Vertrauen in den Einen legen, der Sie zum Leben erweckt hat. Und wenn Sie eine persönliche Beziehung mit Ihm haben, werden Sie über die Stärke Ihres Vertrauens erstaunt sein. Es ist Ihr Vertrauen, das jede Furcht überwindet.

Wissen, wer Sie sind und wem Sie gehören

Das Errichten eines kraftvollen Glaubenssystems beginnt mit dem Wissen, wer Sie sind; es ist vervollständigt mit dem Wissen, wessen Sie sind. Die Mischung der beiden Disziplinen Psychologie und Spiritualität ist Ihre gewinnbringende Kombination, um Ihre Furcht zu überwinden und unerschütterliches Vertrauen zu kultivieren.

In diesem Abschnitt des Buches werden Sie einen beschaulichen Blick auf sich selbst, Ihre Werte und Überzeugungen werfen. Nehmen Sie sich Zeit, die Übungen zu machen und schreiben Sie überall auf die Seiten. Das ist Ihr persönliches Arbeitsbuch, um Sie auf Ihrer Reise zur Selbstfindung zu unterstützen!

„Über den eigenen Tellerrand zu sehen erfordert eine beständige Anstrengung."

– George Orwell

Kapitel 5

Entdecken, wer Sie sind – und den Mut finden, dieser Mensch zu sein!

Wenn Sie wissen, wer Sie sind, können Sie sich einen zweiten Schritt überlegen, wohin Sie wollen. Zu wissen, wer Sie sind und was Ihnen wichtig ist, schafft eine solide Grundlage, die Ihnen in schwierigen Zeiten ungeahnte Konzentration und Kraft verleiht.

Sie wissen, wer Sie sind, wenn Sie die folgenden Fragen beantworten können:

Welcher Persönlichkeitstyp bin ich?

Welche Talente habe ich?

Was sind meine wichtigsten Werte?

Was ist mein Ziel?

Was möchte ich wirklich?

Frage 1: Welcher Persönlichkeitstyp bin ich?

Laut Verhaltenspsychologen gibt es vier unterschiedliche Persönlichkeitstypen. Auch wenn jeder Mensch einige Merkmale von allen vier Arten hat, wird eine dominante Eigenschaft zutage treten, die beeinflusst, wie Sie Entscheidungen treffen, wie Sie mit Zurückweisung und Herausforderungen umgehen, wie Sie sich anderen Menschen gegenüber verhalten und wie Sie das Beste aus sich und anderen herausholen. Dieser dominante Persönlichkeitstyp zeigt sich am stärksten unter Stress oder Druck.

Die vier Persönlichkeitstypen

Im Folgenden habe ich vier Tiere aufgelistet. Sie repräsentieren je einen der vier Persönlichkeitstypen. Auch wenn Sie nicht genau wissen, welches Tier welchen Typ verkörpert, wählen Sie eines, von dem Sie glauben, dass es Sie am ehesten beschreibt.

Übung Nr. 1: Welches der vier Tiere passt am Besten zu Ihnen? Welches beschreibt Sie am besten?

Panther *Delfin*

Pfau *Eule*

Das Tier, das mich am besten beschreibt, ist der/die:

____

Das andere Tier, das mich am zweitbesten beschreibt, ist der/die:

____

Das Tier, das mich am wenigsten beschreibt, ist der/die:

____

Jetzt schauen wir einmal, wie gut Sie es gemacht haben. Hier sind die Beschreibungen von jedem Tier.

Panther

Jene Menschen mit der Panther-Persönlichkeit sind geborene Führungspersönlichkeiten. Sie sind großartige Visionäre. Sie haben die Begabung, das „Große Ganze" und die Zusammenhänge zu sehen. Panther sind fokussiert und entscheidungsfreudig. Sie sind energiegeladen und zielorientiert. Sie treffen schnelle Entscheidungen und wollen nur wenige Informationen, die ihre Entscheidung verwirren oder durcheinander bringen könnten. Sie denken an das Endresultat und treffen schnelle Entscheidungen. Sie sind menschenorientiert, aber verlieren gelegentlich schnell die Geduld mit anderen und ihren oft unterschiedlichen Meinungen.

Panther handeln oft, bevor sie die Dinge zu Ende gedacht haben, was dazu führt, dass wichtige Details durch den Raster fallen können. Sie sind so zielorientiert und auf das „große Ganze" konzentriert, dass sie die Gefühle von Familie oder Kollegen verletzen können. Sie kommandieren andere herum und hören nicht aufmerksam zu.

Panther brauchen unter Umständen Hilfe, um ihr Leben im Gleichgewicht zu halten, weil sie so rastlos sind. Sie verschwenden keine Zeit und wollen nicht, dass ihre Zeit durch andere verschwendet wird. Sie sind disziplinierte Menschen, sie mögen es, hart zu arbeiten und viel zu schaffen.

Der höchste Wert des Panthers ist **Produktivität.**

Pfau

Menschen des Pfauentyps sind geborene Gesellschaftsmenschen. Sie lernen leicht Leute kennen. Sie amüsieren sich gerne und verbreiten Fröhlichkeit.

Pfaue finden Gefallen daran, aus allem ein großes Ereignis zu machen. Sie bringen Leben in jede Party. Sie brauchen die Gesellschaft und es ist ihnen ein Bedürfnis, in der Gruppe zu arbeiten.

Pfaue sind schlechte Zuhörer. Sie wollen auf andere einwirken, die ihre Geschichte erzählen. Aufgrund ihrer Unfähigkeit, sich auf Einzelheiten zu konzentrieren, sind sie desorganisiert und verlegen Gegenstände. Pfaue fühlen sich wohl, wenn sie im Mittelpunkt stehen. Sie gehen auf Menschen zu und lieben den Trubel. Pfaue sind wissbegierig und eignen sich mit viel Eifer neue Fähigkeiten an. Sie haben Spaß an Herausforderungen und gehen gerne ein Risiko ein.

Der höchste Wert des Pfaus ist **Spaß**.

Delfin

Menschen des Delfin-Typs sind geborene Geber. Sie sind großartige Zuhörer und loyale Freunde. Sie stellen Fragen und bringen gerne etwas über ihre Kunden, Freunde und Familie in Erfahrung. Delfine schätzen es, Teil eines Teams zu sein. Sie sind sehr loyal und werden versuchen, den Status quo aufrecht zu erhalten und das ist manchmal zu lange. Die Delfine sind dienstbeflissen und hilfsbereit. Ihre größte Herausforderung besteht darin, sich nicht um sich selbst zu kümmern. Sie können sehr nachtragend sein, weil ihnen die Erfüllung ihrer Bedürfnisse so oft versagt bleibt.

Sie mögen keine Veränderungen, aber tolerieren es, wenn es dem Team hilfreich ist.

Sie ringen sich mühsam zu Entscheidungen durch und bleiben dabei, wenn sie diese endlich getroffen haben. Delfine sind gelassene Menschen, es ist angenehm, mit ihnen zu arbeiten und sie sind leicht zu erziehen.

Der höchste Wert des Delfins sind **Beziehungen**.

Eule

Menschen des Eulen-Typs legen großen Wert auf Details. Sie widmen sich lieber Aufgaben als Menschen und sie sind ausnehmend gute Beobachter und bemerken jede Kleinigkeit. Eulen brauchen Zeit, um über Entscheidungen nachzudenken. Sie brauchen viel Information. Sie sind unabhängige Denker und bevorzugen Aufgaben „hinter den Kulissen". Sie sprechen nicht viel, aber, wenn sie etwas sagen, dann ist es klug und vernünftig. Eulen können verletzend sein, weil sie ihre eigenen Gefühle anderen nicht mitteilen können. Was ihre Gedanken und Ideen betrifft, sind sie sehr introvertiert. Es kann sein, dass sie eine Gelegenheit verpassen, weil sie zu lange für eine Entscheidung brauchen oder weil sie ihre Überlegungen zu einer Entscheidung nicht offen aussprechen. Sie mögen keine Veränderungen und können damit schlecht umgehen. Eulen sind sehr detailverliebt.

Der höchste Wert der Eule ist **Sicherheit**.

Übung Nr. 2: Kreisen Sie in der folgenden Anleitung jene Begriffe an, von denen Sie glauben, dass sie Sie am besten beschreiben.

charismatisch, gründlich, Führungspersönlichkeit, Unterhalter, strukturiert, Geber, risikobereit, farbenfroh, detailverliebt, Anhänger, fokussiert, mitreißend, großer Denker, geistesgegenwärtig, direkt, Spaß, Friedensstifter, analytisch, einsichtig, Zuhörer, bedächtig, abenteuerlich, methodisch, beschaulich, systematisch.

Tragen Sie fünf Worte, die Sie am besten beschreiben, unten ein.

gründlich, Geber, farbenfroh,

detailverliebt, Zuhörer

Panther	Pfau
charismatisch	*charismatisch*
Führungspersönlichkeit	*Unterhalter*
risikobereit	*schillernd*
fokussiert	*mitreißend*
großer Denker	*geistesgegenwärtig*
direkt	*Spaß*
abenteuerlustig	*abenteuerlustig*

Delfin	Eule
Friedensstifter	*gründlich*
Geber	*detailorientiert*
Mitstreiter	*der Reihe nach*
verständnisvoll	*detailverliebt*
Zuhörer	*analytisch*
langsam im Verändern	*methodisch*
beschaulich	*systematisch*

Großartiges Selbstgefühl und Ungezwungenheit haben ihre Ursache im Wissen, wer Sie sind und bedeuten nicht, dass Sie alle Stärken haben. Ihren persönlichen Stil authentisch zu leben, wird Sie frei machen, Sie selbst zu sein und Ihnen erlauben, zu realisieren, wie sehr wir alle einander brauchen. Stellen Sie sich ein Puzzle mit Hunderten von individuellen Teilen vor, das ein schönes, fertiges Produkt ausmacht. Jedes Puzzleteil hat einen vertieften und herausragenden Anteil. Genauso ist es mit Talenten und angeborenen Gaben. Mit Ihren Gaben haben Sie etwas anzubieten, aber Sie haben auch Grenzen und Lücken, die andere füllen müssen, um das fertige Produkt zu vervollständigen.

Wenn Sie die Tatsache, dass wir alle verschiedene persönliche Stile haben, akzeptieren, sehen Sie die Schönheit des Planes Gottes, Gleichgewicht in diese Welt zu bringen. Das Problem entsteht, wenn wir unehrlich zu uns selbst sind und versuchen, jemand anderes zu sein!

Angeborene Talente und Fähigkeiten

Frage 2: Welche angeborenen Talente habe ich?

Sie sind mit allem ausgestattet worden, was Sie brauchen, damit Ihr Leben gelingt. Richten Sie Ihren Blick auf Ihre ursprünglichen, angeborenen Talente und lassen Sie sich davon leiten. Ihnen ist das, was Sie tun, so vertraut, dass Sie nicht einmal darüber nachdenken müssen. Die Fähigkeiten, die wie von selbst kommen, sind Ihre angeborenen Talente.

Übung Nr. 3: Notieren Sie sechs positive Wörter, die Sie am besten beschreiben.

warmherzig — offen

genau — ehrlich u. direkt

beziehungsorientiert — verständnisvoll

Bitten Sie nun Ihren Ehepartner, Ihre Kollegen oder Kinder, Ihnen zu sagen, was sie für Ihre angeborenen Fähigkeiten halten. Stimmen sie überein? Haben sie Sie überrascht?

Kernwerte

Frage 3: Was sind meine Leitwerte?

Wir alle haben Kernwerte, die unser Verhalten massiv beeinflussen. Sie rühren von unserem innerlichen persönlichen Stil und unseren äußerlichen Lebenserfahrungen her. Diese Leitwerte veranlassen uns, auf bestimmte Art und Weise zu reagieren, eine bestimmte Auswahl zu treffen und sie beeinflussen auch unsere Gefühle, Entscheidungen und unser Glück.

Wenn Sie sich Ihrer Kernwerte bewusst sind und Dinge in Ihrem Leben tun, um sie zu erfüllen, dann fühlen Sie sich großartig! Waren Sie jemals mitten in einem sehr schwierigen Projekt und haben einen Energieschub verspürt? Alles, was Sie in diesem Prozess gemacht hatten, hat sich gelohnt. Ebenso hatten Sie wahrscheinlich auch schon ein Projekt, das Sie ausgelaugt hat. Sie bringen die Sache einfach nur hinter sich und können das Ende gar nicht erwarten. Wenn Ihre Kernwerte erfüllt werden, dann gibt Ihnen das Auftrieb und Sie sind am Höhepunkt Ihrer Leistungsfähigkeit.

Übung Nr. 4: Beantworten Sie die folgenden Fragen so ehrlich wie möglich.

Was sind die drei wichtigsten Dinge in Ihrem Leben?

Die Beziehung zu Jesus ___

" " zu meinen Kindern ___

" " " meinem Mann

Was haben Sie zuletzt getan, um zu zeigen, dass Sie das, was Sie an die erste Stelle gesetzt haben, wertschätzen? Wenn Sie „Familie“ ganz oben auf Ihrer Liste stehen haben, aber beruflich zu viel zu tun haben, um mit Ihrer Familie zusammen zu sein, dann werden Sie sich elend fühlen. Vielleicht fragen Sie sich, warum Sie unglücklich sind. Sie werden den Grund herausfinden, wenn Sie diese zwei Fragen beantworten: Was sind Ihre höchsten Werte? Und verbringen Sie Zeit, in der Sie diese Werte täglich durch Ihre Handlungen, Gedanken und Zeit wertschätzen? Wenn Ihr höchster Wert „Gott" ist, Sie aber wenig Zeit mit Ihm im Gebet und in Meditation verbringen, dann werden Sie sich elend fühlen. Wenn Ihr höchster Wert „Gesundheit" ist und Sie zu wenig Sport treiben, dann fühlen Sie sich unerfüllt. Um sich ein Leben zu schaffen, das Sie lieben, müssen Sie Ihre Zeit, Ihre Bemühungen, Gedanken und Energien für Ihre höchsten Werte verwenden.

Übung Nr. 5: Wen bewundern Sie wirklich? Nennen Sie drei Personen – lebend oder verstorben, berühmt oder nicht – zu denen Sie am meisten aufschauen. Denken Sie nicht zu viel nach. Schreiben Sie einfach die drei auf, die Ihnen zuerst in den Sinn kommen.

Die drei Personen, die ich am meisten bewundere, sind:

Jesus ____________ Angelika ____________

Stefan ____________

Übung Nr. 6: Notieren Sie, warum Sie diese drei Personen bewundern. Welche Qualitäten oder Eigenschaften, die Sie wertschätzen, haben sie?

Name der Person	*Grund für die Bewunderung*
Jesus	Er ist die Liebe in Person
Stefan	Er ist authentisch u. hat Gott an 1. Stelle
Angelika	Sie hat Jesus an 1. Stelle und setzt sich voll ein.

Das, was Sie aufgeschrieben haben, reflektiert Ihre eigenen Werte. Die Menschen scheinen die Eigenschaften bei anderen zu bewundern, die ihre eigenen Kernwerte am besten wiederspiegeln.

Diese Übung hilft Ihnen, sich mehr darauf zu konzentrieren **wer Sie sind** als auf das **was Sie tun.** Es ist wichtig, zu wissen, was und welche Charaktereigenschaften Sie wertschätzen, damit Sie wissen, wer Sie mit der Zeit werden wollen. So machen Sie sich langsam ein Bild davon, wer Sie sein möchten und werden die Disziplin aufbringen und nötigen Schritte setzen, um diese Person zu werden.

Wenn Ihre Ziele (was Sie tun) und Ihre Werte (was Sie sind) übereinstimmen, dann haben Sie die Formel für lebenslange Motivation und Erfüllung gefunden. Sie werden in einem Leben leben, das Sie lieben!

Am Ende einer zweitägigen Klausurtagung mit dem Thema: „Wie erreiche ich mein volles Leistungsvermögen“, trat eine Dame an mich heran und sagte: „Endlich geht mir ein Licht auf, endlich verstehe ich, warum ich so unglücklich bin.“

Ich war verblüfft, schaute sie neugierig an und fragte: „Erzählen Sie mir, was Sie entdeckt haben.“

Marys Geschichte:

Mary hatte vor sieben Jahren eine kleine Werbeagentur eröffnet.

Sie sagte: „Am Anfang liebte ich meine Arbeit. Ich arbeitete einen Businessplan aus, arbeitete alles ab, vereinbarte Termine, erstellte Angebote und Präsentationen.

Ich führte den Auftrag entweder selbst aus oder gab ihn an eine größere Firma weiter. Ich liebte diese organisatorische, detaillierte Arbeit hinter den Kulissen.

Als ich einen soliden Kundenstock aufgebaut hatte begann ich,

Personal einzustellen. Zuerst lief alles bestens. Aber es dauerte nicht lange an. Wissen Sie, ich war der Boss und für diese Mitarbeiter verantwortlich. Ich musste sie motivieren und wöchentliche Mitarbeiterbesprechungen abhalten. Ich hasste diesen „Personalkrimskrams". Aber ich wusste, dass ich das tun musste, um den Erfolg meiner Firma fortzuführen."

Mary hatte ihre Belegschaft die letzten drei Jahre geleitet und stand kurz vor dem Burn-out. Denn Mary ist ein Mensch, der gerne hinter den Kulissen arbeitet. Ihr gefällt die ganze Schreibarbeit, Organisation und Detailgenauigkeit. Sie arbeitet gerne allein.

Sie erklärte: „Ich mag Menschen, aber nicht, wenn sie den ganzen Tag um mich sind und ganz bestimmt nicht, wenn ich mit ihnen zusammenarbeiten und sie auch noch motivieren muss."

Wir haben alle diese Kernwerte, die sich mit unserem persönlichen Typ und unseren Lebenserfahrungen decken. Wenn wir in der Lage sind, diese Kernwerte in unserer Arbeit und in unserer häuslichen Umgebung auszuleben, dann sind wir glückliche Menschen. Wir sind erfüllt. Und wir fühlen uns wohl.

Genau wie Mary, müssen Sie herausfinden, was Sie aufgrund Ihrer Persönlichkeit schätzen. Spiegelt Ihre Arbeit Ihre Werte und Ihren Typ? Arbeit kann erschöpfend, qualvoll, ja sogar ungesund sein, wenn sie nicht Ihrem persönlichen Typ und Ihren Kernwerten entspricht. Wenn Sie sich Ihrer Persönlichkeit und Ihrer Kernwerte bewusst werden und sie miteinander in Einklang bringen, dann haben Sie auch die Formel für lebenslange Motivation entdeckt.

Frage 4: Was ist meine Bestimmung?

Die Leute kommen nach meinem Seminar oft zu mir und fragen, wie sie ihre Bestimmung finden können und woher sie wissen, dass sie diese erfüllen. Ich antworte dann immer, dass ihnen klar werden muss, dass sie ihre einzigartige Bestimmung schon kennen. Ihre Bestimmung ist nicht etwas, das sie suchen müssen.

Bestimmung kommt aus Ihrem Innersten. Ihre Bestimmung im Leben war immer schon in Ihnen. Sie war Ihnen schon vor Beginn der Zeit auf die Seele geschrieben. Ihr ganzes Leben lang wurden Ihnen Umstände, Herausforderungen, Verletzungen und Erfolge gegeben, die Ihnen helfen sollten, Ihren Lebenszweck zu erfüllen. Sie wird mit Ihrer Persönlichkeit und Ihren Kernwerten in Einklang stehen. Er wird Ihre Verletzungen aus der Kindheit und Ihre Erfahrungen widerspiegeln.

Übung Nr. 7: Eine der Übungen, die Sie machen können, um diese Bestimmung zu entdecken ist, sich in Ihre Kindheit zurückzuversetzen, als Sie stundenlang Zeit zum Spielen hatten.

Was haben Sie in diesen Stunden freier Zeit gemacht? Was genau war es, dass Sie sogar auf das Essen vergaßen? Erinnern Sie sich, Ihre Mutter rief Sie zum Abendessen und Sie riefen zurück: „Nur noch fünf Minuten, Mama!" Bei mir war es, Schule zu spielen. Ich wollte all meine Schüler in Reihen oder Gruppen aufstellen, die Namen aufrufen, die Aufgabe erklären und unterrichten, unterrichten, unterrichten, bis meine Mutter mich zum Abendessen rufen würde.

Ihre Kindheit sagt sehr viel über Ihre Bestimmung aus.

Meine Lieblingsbeschäftigung als Kind war:

„Landhof" spielen, kleine Fläschchen sammeln + Apotheke Spi

Als unsere Familie vor einigen Jahren in den Urlaub fuhr, packte ich all unsere Kleidung und Schuhe in den Einbauschrank des Hotelzimmers. Mein dreijähriger Sohn Beau fing an, mit den ganzen Schuhen im Schrank zu spielen. Als ich einige Minuten später nach ihm sah, hatte er einen Regenbogen gestaltet! Er hatte die verschiedenen Schuhe in Form eines Bogens gelegt – symmetrisch!

Ein Babyschuh rechts, ein Babyschuh links. Einen hochhackigen Schuh darüber auf der rechten Seite und den passenden links! Seine angeborenen Talente, die ich in seiner Kindheit miterlebt habe, sind heute noch offensichtlich. Es ist erstaunlich, den Zusammenhang zwischen der Bestimmung und dem Kindheitsspiel zu sehen.

Eine andere Möglichkeit, Ihre persönliche Bestimmung zu entdecken ist, auf Ihre Kindheitsverletzungen zurückzublicken. Im Schmerz liegt Kraft. Ihre Kindheitsverletzungen verleihen Ihnen Kraft, wenn sie abgehandelt und verziehen sind. Stellen Sie sich vor, wie Ihr Kindheitsschmerz dafür verwendet werden könnte, sich besser in Personen, die dasselbe durchgemacht haben, hineinzuversetzen, indem man die Kindheitsverletzung herannimmt und diese verarbeitet. Am besten können diejenigen einem anderen Menschen helfen, die genau das durchgemacht, erfolgreich bewältigt und überstanden haben! Die Wahrheit über Ihre Kindheitsverletzungen ist, dass sie, wenn Sie sich nicht mit ihnen auseinandersetzen, Sie fertig machen. Der Schmerz zeigt sich in Ihrer Einstellung, Ihrem Verhalten und sogar in der Wahl, die Sie für sich treffen. Sie können sich entweder betäuben oder aber sich durch Ihren Schmerz anspornen lassen, etwas Gutes zu tun.

Gott verspricht uns, dass Er schlechte Umstände letztlich für Gutes einsetzen wird. Welche Schmerzen haben Sie in der Vergangenheit erlitten, mit denen Sie sich nicht befassen wollten? Ich rate Ihnen eindringlich, nochmals darüber nachzudenken. Ihre Entscheidung zu vergeben, sich damit zu beschäftigen und dann andere daran teilhaben zu lassen, könnte Ihnen Ihre größte Erfüllung bringen. Diejenigen, die bereit sind, ihren erlittenen Schmerz zu teilen. Und jeder von uns hat seinen Teil durchgemacht.

So etwas wie eine perfekte Familie oder perfekte Eltern gibt es nicht. Also überwinden Sie die Lüge, dass Sie der oder die einzige sind, der oder die solch einen Schmerz durchmachen musste. Die

Menschen in Ihrer Kindheit, von denen Sie geliebt wurden (und sogar die, die es ablehnten, Sie zu lieben) und der Schmerz in Ihrer Kindheit, alles hat den Menschen, der Sie heute sind, geformt. Sie alle sind Teil Ihres Lebenszwecks. Es liegt in Ihrer Hand, den Schmerz, den Sie erlitten haben, dazu zu verwenden, sich für das Gute einzusetzen. Was für ein Geschenk haben Sie zu geben, wenn Sie bereit sind, in Ihrem Schmerz die Möglichkeit für das Gute zu sehen! Die Freuden und Schmerzen Ihrer Kindheit bescheren Ihnen Gottes Plan für Ihr Leben zu verstehen und dafür einzutreten.

Joes Geschichte:

Joe wurde in seiner Kindheit körperlich missbraucht. Als Erwachsener lebte er in ständigem Zorn. Er traute niemandem und kritisierte die anderen aus Gewohnheit. Er musste immer alles unter Kontrolle haben, das war seine Art, mit dem Schmerz der Kindheit, über den er keine Kontrolle hatte, umzugehen.

Aber Joe wusste, dass er Hilfe brauchte. Eines Abends lud er ein Paar der benachbarten Kirche zu sich nach Hause ein. Als sie jedoch zehn Minuten zu spät kamen, verfluchte er sie wild und warf sie hinaus! Können Sie sich das vorstellen?

Aber, dieses Ehepaar gab nicht auf. Etliche Besuche später entschloss sich Joe, seine Kindheitsverletzungen bewusst in die Gegenwart zu holen (erinnern Sie sich, er hatte sie schon unbewusst in die Gegenwart geholt). Während der nächsten Monate setzte er sich mit seinen in der Vergangenheit erlebten Traumata auseinander und lernte, sie zu verarbeiten. Heute arbeitet er als Sozialarbeiter mit einem offenen Ohr für Häftlinge, die in ihrer Kindheit missbraucht wurden. Joe spricht über die Kraft und die Zufriedenheit, die er heute verspürt. Seine einzigartige Bestimmung jeden Tag auszuleben hat ihm ein erfülltes Leben beschert.

Es liegt Kraft – so viel Kraft – in Kindheitsverletzungen, die in die Gegenwart geholt, aufgearbeitet, vergeben und dann genutzt werden, um anderen zu helfen.

Jeder hat Kindheitsverletzungen und unerfüllte Bedürfnisse. Die meisten sind weniger dramatisch als die von Joe. Aber, alle Kindheitsverletzungen haben einen Anteil an der Vorbereitung auf Ihren Lebenszweck. Hören Sie auf sich selbst. Hören Sie auf Gottes Stimme, die Sie in den Plan hineinführt, den Er für Sie erschaffen hat. Ein wirklich erfülltes Leben ist eines mit einer Bestimmung. Wenn Sie Ihre Bestimmung leben, dann ist es Ihr Leben voller Frieden, Leidenschaft und purer Freude. Ihre Bestimmung wird Ihnen unter Umständen über Schmerz, Zurückweisung, Frustration und Schwierigkeiten hinweghelfen. Wie eine meiner Kolleginnen, Liz Curtis Higgs sagt: „Stellen Sie den Lärm leiser und hören Sie dem Einen zu, der Sie erschaffen hat.“

„Die Probleme aus seiner
Vergangenheit beeinflussen
den Menschen immer auf
die eine oder andere Weise:
Entweder er erlebt einen
Zusammenbruch oder er
schafft einen Durchbruch."

– John C. Maxwell

Machen Sie Ihr Leben lebenswert!

Frage 5: Was wollen Sie wirklich?

Tim, ein erfolgreicher Strafverteidiger, langweilte sich bei seiner Arbeit. Er sehnte sich danach, seiner Kanzlei den Rücken zu kehren, um eine Computer Beratungsfirma zu gründen. Seine wirkliche Leidenschaft war, nach der Arbeit und am Wochenende Stunden vor dem Computer zu sitzen und alles, was er darüber finden konnte, zu lernen.

Eine angesehene Anwaltskanzlei in Washington bot Tim eine Stelle an. Es war ein gutes Angebot, ein sicherer Weg für Tim, sich zu verändern. Und schließlich war Rechtswissenschaft das, womit sich Tim auskannte, was er sieben Jahre lang studiert hatte und worin er, wie seine Eltern ihm immer gesagt hatten, großartig sein würde.

Also boten Tim und seine Frau Gail ihr Haus zum Verkauf an und flogen nach Washington, um dort ein Haus zu finden. Alles schien so zu laufen, wie es sein sollte. Sicher, praktisch, vorhersehbar.

Und dann, eines Nachmittags, als sie auf Haussuche waren, sah Gail Tim an und fragte: „Möchtest du wirklich hierher umziehen? Möchtest du wirklich dasselbe tun, was du schon so lange getan hast?"

Nach einer langen Stille, während der Tim endlich darüber nachdachte, was er wirklich wollte, flüsterte er: „Nein, das möchte ich nicht." Er erzählte Gail von seinem Traum, seine eigene Beratungsfirma zu eröffnen und sie ermutigte ihn, diesen zu verfolgen.

Tim sagte, er müsse die Hindernisse aus dem Weg räumen. Nach sechs Monaten hatte er in seinem Beratungsgeschäft mehr Kunden als geplant und es ging ihm besser, als wenn er in seinem sicheren Job geblieben wäre. Und das Allerbeste: Er tat das, was er wirklich wollte.

Es erscheint seltsam, dass erwachsene Leute nicht wissen, was sie wollen und oft nicht die Kraft haben, ihren Träumen zu folgen. Trotzdem kommt das sehr häufig vor. Auf der anderen Seite scheinen Kinder genau zu wissen, was sie wollen. Warum? Ein Grund dafür ist, dass sie Zeit zum Tagträumen, Phantasieren und Denken haben. Erwachsene nehmen sich nicht die Zeit zum Tagträumen oder darüber nachzudenken, was sie wirklich gerne tun würden.

Wenn Sie sich nicht kürzlich gefragt haben, was Sie wollen, dann fällt Ihnen die Antwort wahrscheinlich schwer. Entweder leben Sie den Traum aus, den jemand anderes für Sie hat, oder Sie geben sich mit dem zufrieden, was gut ist, während Sie das haben könnten, was das Beste ist. Beides führt Sie zu einem unerfüllten Leben, zu Gefühlen von Verbitterung und unweigerlich zu der Frage: „Soll das etwa schon alles gewesen sein?"

Haben Sie sich jemals die Zeit genommen, darüber nachzudenken, wie Ihr Traumleben aussehen würde? Welche Arbeit Sie haben würden? Zu welcher Zeit Sie meistens morgens aufstehen würden? Wer in Ihrem Leben sein würde? Wie Ihr Tag aussehen würde? Wie Sie Ihre Zeit verbringen würden?

Ich führe seit mehr als zwanzig Jahren ein „Traumbuch". In dieses Buch schreibe ich (und male sogar Bilder davon), wie mein Traumleben aussehen würde. Das Erstaunlichste an diesem Traumbuch war, mich in meine Träume hineinwachsen zu sehen.

Ich werde in fünf Jahren auf meine Träume von heute zurückblicken und denken: „Donnerwetter, ich habe es gemacht – kein Problem." So viele der Dinge, die ich aufgeschrieben habe, sind wahr geworden! Im Wissen, was Sie wollen, liegt so viel Kraft. Klarheit gibt Ihnen Kraft. Wenn Sie wissen, was Sie wollen und Sie beginnen, an diesen Dingen zu arbeiten (wenn auch nur in kleinen Schritten), wird Ihr Leben mit jedem Tag aufregender werden. Würden Sie jetzt auf Ihr bisheriges Leben zurückblicken, so würden sich Ihnen die Wunder entfalten, die die Ereignisse in Ihrem Leben bewirkt haben. Das was Sie brauchten wurde Ihnen gegeben, als Sie es brauchten, meist nicht vorher. Jedes Ereignis, das in Ihrem Leben geschieht, bringt Sie Ihrem Ziel ein bisschen näher. Es gibt einen vorbestimmten Ablauf in Ihrem Leben.

Wenn es wahr ist, dass Gott Ihnen einen Herzenswunsch gegeben hat, dann ist es dringend notwendig, dass Sie diesen Wunsch kennen und den Mut haben, ihn mitzuteilen. Es ist Gott, der Ihre Lebenswünsche in Ihr Herz gepflanzt hat. Ihre Wünsche werden dann beginnen Gestalt anzunehmen, wenn Sie sich die Zeit nehmen, sie zu erkennen und zu formulieren.

Wenn Sie erreichen, was Sie wollen, denken Sie bewusst daran, dass Sie bekommen haben, was Sie wollten. Was mich betrifft, wollte ich meine Mutter sein. Jetzt, als Mutter von drei Kindern, wird mir bewusst, dass die Anforderungen so gewaltig sein können, dass ich den Blick dafür verliere, dass ich genau das habe, was ich wollte. Ich wollte Kinder haben, eine Familie, ein Haus, ja sogar eine Großraumlimousine!

Jetzt achte ich darauf, dass ich jeden Tag etwas Schönes mit meinen Kindern unternehme, damit mir bewusst bleibt, dass ich bekommen habe, was ich wollte. Fahren Sie sich nicht so in der Verantwortung fest, dass Sie die Tatsache vergessen, dass Sie genau das erreicht haben, was Sie wollten!

Einige von Ihnen sind sich noch nicht im Klaren darüber, was sie wollen. Ich beobachte das täglich bei meiner Arbeit mit anderen Menschen. Entweder sagen sie nicht, was sie möchten oder sie wissen es einfach nicht. Das Wissen hat einen entscheidenden Anteil an diesem ganzen Prozess. Sagen Sie klar und deutlich, was Sie möchten. Diese Klarheit bringt Stärke. Sie werden erstaunt sein, wie sehr diese einfache Gewohnheit Ihre Angst beseitigen wird und welche Chancen sich Ihnen bieten.

Sie können sicher sein, dass Sie auf Ihre richtigen Ziele hinarbeiten, wenn Sie die folgenden Fragen mit ja beantworten: Haben Sie Ihre Ziele (Träume) aufgeschrieben? Denken Sie oft über sie nach und untermauern Sie Ihre Träume, Wünsche und Ziele mit Taten (auch kleine Bemühungen)?

Übung Nr. 8:

Schreiben Sie Ihr Ziel so detailliert wie möglich auf.

Erstellen Sie eine Liste der nötigen Schritte, die Sie tun müssen, um dieses Ziele zu erreichen.

Erstellen Sie eine Liste von zehn Personen, die Ihnen helfen werden, dieses Ziel zu erreichen.

Sobald Sie wissen, was Sie wollen, ziehen Sie automatisch Menschen, Gelegenheiten und Beziehungen an, die Ihnen helfen, Ihren Traum zu verwirklichen. Anziehen, nicht drängen. Ziehen Sie Menschen und Möglichkeiten an sich heran, indem Sie wissen, wer Sie sind, Ihre Einzigartigkeit zelebrieren und der einmaligen Berufung folgen, die Gott für Sie bereithält.

Übung Nr. 9:

Die Tätigkeit, die mir am meisten Freude macht, ist

Ich fühle mich am lebendigsten, wenn ich

Eine Möglichkeit, diese Aktivität vermehrt in mein Leben zu bringen, ist

---

Bestimmen Sie, wo Sie in zehn, zwanzig, fünfzig Jahren sein möchten.

In zehn Jahren:

In zwanzig Jahren:

In fünfzig Jahren:

Gewöhnen Sie sich an, sich laufend Fragen zu stellen wie: „Sind meine Taten im Einklang mit meinen Überzeugungen?" – „Möchte ich so reagieren?" – „Möchte ich das überhaupt so machen?" Diese Fragen sind unerlässlich für die Umsetzung jeglicher Veränderung, weil Sie dann die Kontrolle haben. Die meisten Menschen denken nicht einmal darüber nach, wie sie sich verhalten, geschweige denn, dass sie sich diese Fragen stellen. Wenn Sie sich dessen bewusst sind, was Sie tun und bewusst auf die Herausforderungen des Lebens reagieren, haben Sie die Kontrolle darüber, dass Sie letztendlich erfolgreich sind und zu welchem Menschen Sie sich dabei entwickeln.

Nachdenken und sich selbst Fragen stellen erfordert Ruhe, Stille und Einkehr. Da unsere Gesellschaft von Schnelligkeit und Hektik geprägt ist, sind wir oft wie betäubt gegenüber dem, was um uns herum passiert und wie wir uns dabei fühlen. In diesem Zustand der Gefühllosigkeit ist es unmöglich, sich seiner Gedanken oder seines Verhaltens bewusst zu sein. Seien Sie anders. Stellen Sie sich Fragen. Seien Sie sich dessen bewusst, was Sie wollen, schreiben Sie es auf und denken Sie darüber nach (träumen Sie davon). Es wird Sie überraschen, was geschieht und Sie werden sich über die Folgen freuen!

Zusammenfassung

Ich glaube, jeder von uns hat schon alles, was er braucht, damit sein Leben funktioniert. In Wirklichkeit ist unser Leben ein kompliziertes Geflecht von einzigartigen Gaben, Talenten, Temperamenten, Persönlichkeitsmerkmalen und sogar Kindheitsverletzungen.

Diese Aspekte greifen ineinander und schaffen den Rahmen für persönlichen und beruflichen Erfolg. Was immer Sie haben, das einzigartig und andersartig ist, macht Ihre Kraft aus. Gerade das, was Ihnen an sich selbst ein leichtes Unbehagen bereitet, birgt Schätze, die Sie zu Ihrer Bestimmung und zu einem erfüllten Leben führen. Welche Gabe aus Ihrer Kindheit haben Sie vielleicht einfach abgetan? Welches einzigartige Talent, welche Leidenschaft oder welches Interesse schlummert in Ihnen, vor dem Sie sich scheuen oder das Sie außer Acht lassen? Geben Sie dem Künstler, Musiker, Schauspieler, Elternteil oder Geschäftsmann in Ihnen nach, der Sie in Ihren Träumen immer schon waren und von dem Sie intuitiv wissen, dass Sie es sind.

Finden Sie einen Weg, diese wunderbaren Gaben und Erfahrungen zum Vorschein kommen zu lassen. Denken Sie oft darüber nach! Träumen Sie oft davon! Stellen Sie sich weiterhin Fragen! Sie werden einen unendlichen Schatz entdecken, der Teil Ihrer Erfolgsrechnung ist. Meine Aufgabe an Sie, den Leser, ist, sich selbst und andere zu betrachten und die Einzigartigkeit zu sehen; zelebrieren Sie diese Einzigartigkeit und haben Sie den Mut, Sie selbst zu sein.

*„Das Seltsame am Leben ist:
Wenn Sie sich weigern,
irgendetwas außer das Beste
zu akzeptieren, dann
bekommen Sie es sehr oft."*

– W. Somerset Maugham

Kapitel 6

Wissen, wem Sie gehören

Der berühmte Schriftsteller und Philosoph Albert Camus benannte einmal die früheren Jahrhunderte. Das siebzehnte Jahrhundert bezeichnete er als das Jahrhundert der Mathematik, das achtzehnte war das der Physik, das neunzehnte das Jahrhundert der Biologie. Damit schockierte er die Öffentlichkeit, dass er das zwanzigste Jahrhundert das Jahrhundert der Angst nannte! Camus erklärte, seine Beweggründe seien offensichtlich, allein aufgrund der Tatsache, dass es niemals zuvor einen derart massiven Gebrauch von Beruhigungsmitteln gegeben habe.

1947 nannte ein anderer Philosoph und Dichter, W.H. Auden, unsere Zeit „die Epoche der Angst".

Diese beiden Beispiele haben mir vor Augen geführt, wie neu dieser starke Einfluss von Angst eigentlich ist. Von biblischen Zeiten bis zum Beginn der Neuzeit hat die Angst nie dermaßen überhand genommen wie heute. Angst spielte eine unbedeutende Rolle. Sorgen und Stress waren keine lebensbedrohlichen Probleme so wie heute.

Wie waren unsere Vorfahren in der Lage, ihre Lebensverhältnisse zu bewältigen, ohne von Furcht und Angst verzehrt zu werden? Was war ihr Geheimnis bei der Bewältigung von Hungersnot,

Krieg, Überschwemmung, Krankheit und Tod (ganz zu schweigen von den Herausforderungen des täglichen Lebens)?

Der größte Unterschied zwischen unseren Vorfahren und uns ist, dass sie wussten, wem sie gehören. Gott beherrschte ihr Universum. Ihr starkes Vertrauen in und ihr fester Glaube an Gott führte sie durch ihr Leben.

Lesen Sie die Biografien unserer Vorväter und Sie werden ein Volk mit großem Gottvertrauen kennen lernen. Lesen Sie die Geschichten des Alten Testaments und schauen Sie, wie die Juden mit Angst umgegangen sind. Ihr Glaube war stärker als ihre Furcht. Aufgrund ihres enormen Glaubens wurden sie nicht von Furcht, Sorgen oder Angst gesteuert. Gottvertrauen, nicht Selbstvertrauen beherrschte ihre Lebensweise. Mit Beginn der Renaissance und des Humanismus verschob sich die Sichtweise der Gesellschaft auf Gott und den Menschen dramatisch. Das große Ziel des Humanismus, eingeleitet durch die Renaissance, war, das eigene Umfeld zu beherrschen, sein eigener Gott zu sein, unabhängig und sich selbst genug.

Der Humanismus proklamiert: „Du brauchst niemanden." „Du kannst ohne Gott leben." Die Botschaft ist eindeutig. Dieser Glaube besagt, dass der Mensch die Kraft hat, abgesondert von Gott, sein Bewusstsein zu erheben und seinen eigenen Erfolg zu schaffen. Mit der Geburt des Humanismus haben wir angefangen, unser Wissen, wer Gott ist und wo unser Platz in Ihm ist, zu verlieren. Wenn das geschieht, gerät die Welt in einen Strudel aus mangelndem Vertrauen, extremem Wettbewerbsdenken, fehlendem Glauben, Unsicherheit, übertriebener Angst und anderen, selbstvernichtenden Einflüssen.

Es ist wenig überraschend, dass heute mehr Menschen als jemals zuvor in der Geschichte zu Beruhigungsmitteln greifen! Heutzutage haben wir Redensarten wie: „In unserer Welt kämpft jeder gegen jeden." „Bring deine Schäflein ins Trockene." „Man lebt nur einmal." „Iss, trink und sei fröhlich, heute könnte dein letzter Tag sein." Ohne viel nachzudenken, akzeptieren wir diese Lebensart. Wir haben Gott und Gebet aus unserem öffentlichen Leben ausgeschlossen und wundern uns, warum unsere Gesellschaft sich in Angst verzehrt und unsere Zeit als „die Epoche der Angst" und „das Jahrhundert der Angst" bezeichnet wird.

Darrell Scott, der Vater von Rachel Scott, einem Opfer des Amoklaufes an der Columbine Highschool in Littleton, Colorado, wurde einige Wochen, nachdem seine Tochter von zwei Schulkameraden ermordet worden war, eingeladen, um vor dem Rechtsausschuss eine Rede zu halten. Das, was er während dieser Sondersitzung des Kongresses vor unserer Staatsführung sagte, ist eine schmerzliche Wahrheit.

„Wir alle tragen entweder den Keim der Güte oder den Keim der Gewalt in uns. Der erste schriftlich belegte Gewaltakt war, als Kain seinen Bruder Abel auf dem Felde erschlug. Schuld war nicht die Keule, die er benutzte. Auch nicht irgendeine NKV, eine Nationale „Keulen-Vereinigung". Der wirkliche Mörder war Kain und der Grund für den Mord war nur in Kains Herzen zu finden.

Ich bin nicht hier, um die NRA (National Rifle Association, US-Organisation, die das Recht auf Schusswaffen propagiert, Anm. der Übersetzerin) zu vertreten oder zu verteidigen, weil ich nicht glaube, dass sie für den Tod meiner Tochter Rachel verantwortlich ist. Ich bin heute hier, um aufzuzeigen, dass der Vorfall an der Columbine Highschool mehr als nur eine Tragödie war – er war Ausdruck einer Geisteshaltung, ein Ereignis, das uns dazu zwingen sollte zu schauen, wo das wirkliche Verschulden liegt! Viel von diesem Verschulden liegt hier in diesem Raum. Viel von diesem Verschulden verbirgt sich hinter den erhobenen Zeigefingern der Ankläger selbst.

Männer und Frauen sind dreigeteilte Wesen. Wir bestehen alle aus Körper, Seele und Geist. Wenn wir einen Teil dessen, woraus wir bestehen, leugnen, schaffen wir eine Leere, die dem Bösen, der Voreingenommenheit und dem Hass Raum gibt und ermöglicht, verheerenden Schaden anzurichten. Eric und Dylan wären auch nicht durch Metallde-

tektoren aufzuhalten gewesen. Und auch noch so viele Waffengesetze können niemanden aufhalten, der Monate mit der Planung eines solchen Massakers verbracht hat. Das wirkliche Verbrechen befindet sich in unseren eigenen Herzen. Wir brauchen nicht mehr Religion. Was wir brauchen, ist ein Sinneswandel und die demütige Anerkennung der Tatsache, dass diese Nation nach dem Prinzip des einfachen Gottvertrauens gegründet wurde!

Als mein Sohn Craig unter dem Tisch in der Schulbücherei lag und beobachtete, wie seine beiden Freunde vor seinen Augen mordeten, zögerte er nicht in der Schule zu beten. Ich widersetze mich jedem Gesetz oder Politiker, der ihm dieses Recht abspricht! Ich fordere jeden jungen Menschen in Amerika und auf der ganzen Welt auf, zu begreifen, dass am 20. April 1999 an der Columbine Highschool das Gebet an unsere Schulen zurückgebracht wurde."

Er beendete seine Rede mit einem emotionalen Gedicht, das er geschrieben hatte, um seine Gefühle in Worte zu fassen:

„Ihre Gesetze ignorieren unsere zutiefst empfundenen Bedürfnisse, Ihre Worte sind leere Luft. Sie haben unser Erbe abgestreift, Sie haben das einfache Gebet geächtet. Nun füllen Gewehrschüsse unsere Klassenräume und kostbare Kinder sterben. Sie suchen überall nach Antworten und fragen „Warum?" Sie erlassen strenge Gesetze, glauben daran und verstehen immer noch nicht, dass wir Gott brauchen!"

Wo war Gott, als an der Columbine geschossen wurde? Die Antwort ist einfach. „Er war nicht eingeladen."

Seit 1963 sind Gott und Gebet aus den öffentlichen Schulen unserers Landes verbannt. Diese Nation hat es vorgezogen, Gott aus dem schulischen Bereich eines Kinderlebens auszuladen.

Und die traurige Wahrheit ist, wenn Gebet und Gott kein Platz mehr an der Schule eingeräumt wird, erfahren Millionen von amerikanischen Kindern nichts über Ihn, kennen Ihn nicht und wissen nicht, wem sie gehören.

Das hatten unsere Gründerväter sicher nicht beabsichtigt. Geistige Einflüsse waren in unserem Bildungssystem in der gesamten Geschichte unserer Nation präsent. Viele unserer bedeutenden Hochschulen waren ursprünglich Priesterseminare. Das ist eine historische Tatsache.

Unsere Vorfahren hatten unvorstellbares Vertrauen zu Gott und zueinander. Sie wussten, wem sie gehörten und Ihr Glaube gab ihnen sehr viel Kraft. Gott will, dass wir uns um unserer Stärke willen auf Ihn verlassen. Er verspricht, uns bis zur höchsten Macht zu versorgen und zu unterstützen – Seiner Macht!

Zu wissen, wem Sie gehören, bedeutet anzuerkennen, dass es ein allmächtiger Gott ist, der Sie liebt, kennt, eine Bestimmung für Sie hat, Ihnen helfen wird und eine persönliche Beziehung mit Ihnen möchte. Gott sagt denen, die an Ihn glauben, dass sie zur königlichen Familie gehören. Er nennt die Gläubigen „meine Brüder und Schwestern". Wenn Sie sich auf diese Weise sehen, dann werden Sie anfangen, sich wie Mitglieder der königlichen Familie zu verhalten. Wenn Sie Gott und seine Abgrenzungen für ein gesundes, glückliches Leben entfernen, entfernen Sie damit die Grundlage für Frieden, Kraft und ein Leben frei von Angst, Sorgen, Ängstlichkeit und Depression.

Es kommt darauf an, was Sie von sich selbst glauben. Das wird Ihnen nicht nur Chancen einbringen, sondern auch die richtigen Leute zu Ihnen führen und einen großen Teil Ihres Erfolges ausmachen.

Die Prinzessin

Als ich ein Mädchen war, besuchte unsere Familie oft besonders gute Freunde. Diese Freunde hatten eine Tochter namens Michelle, die sie (einschließlich meiner Eltern) liebevoll „Prinzessin" nannten. Da es nur eine Prinzessin geben konnte, wurde ich „Herzogin“ genannt. Es mag dumm klingen, aber ich erinnere mich noch immer daran, wie sehr ich diesen Spitznamen hasste, weil ich mich dadurch weniger wichtig fühlte.

Obwohl ich mich niemals als zweitrangig zu einer Siebenjährigen sah, aber eine Herzogin zu sein, war für mich eindeutig zweitrangig. Ungeachtet dessen, wie es mir dabei ging, sagte ich nichts und behielt meine Gefühle für mich. Trotzdem mussten sie zu sehen gewesen sein.

Eines Tages, fast fünfzehn Jahre später, erhielt ich ein Paket mit der Post. Es war von der Mutter der „Prinzessin“. Ich riss das Paket auf und entdeckte eine kleine glitzernde Schachtel mit einer roten Samtschleife. Meine Augen leuchteten, als ich sah, was in der Schachtel war: eine winzige, goldene Aschenputtelkutsche und ein Zettel, auf dem stand: „Du warst immer eine Prinzessin für mich.“

Wie sehen Sie sich selbst? Wenn Sie Ihr Spiegelbild betrachten, was und wen sehen Sie? Selbst wenn Sie nicht das Glück hatten, in Ihrer Jugend von Menschen umgeben gewesen zu sein, die an Sie glaubten, können Sie immer noch in dem Wissen Trost finden, dass Gott an Sie glaubt. Er hat Sie genug geliebt, um Sie mit Leben zu erfüllen. Er hat Sie genug geliebt, um Sie mit allem auszustatten, was Sie für Ihr Leben brauchen. Er hat Sie genug geliebt, um Ihnen in schwierigen Zeiten zur Seite zu stehen. Er hat Sie genug geliebt, um seinen Sohn als Opfer für die Sünde auf die Welt zu senden. Gott liebt Sie ganz schrecklich! Er ist sogar bei Ihnen, während Sie dieses Buch lesen.

Schauen Sie auf Ihr Leben zurück und sie werden die Spuren eines mächtigen Gottes sehen, der Sie auf eine mächtige Art und Weise liebt. Ihr Verstehen von Gottes Vorstellung von Ihnen bestimmt Ihre Realität und ist die Quelle Ihrer Kraft und Ihrer Stärke.

Wenn Sie wissen, wem Sie gehören und dass Sie eine Rolle in

Seinem allwaltenden Plan zu spielen haben, werden Sie Frieden erfahren, der alles Verstehen übertrifft und große Zuversicht erlangen, die aus der Quelle der Zuversicht kommt.

Die Leitsätze unserer Vorfahren

Unsere Vorfahren bauten auf vier Grundprinzipien auf, die ihnen Nahrung in Hungerszeiten, Mut in Krankheitszeiten und Kraft in Kriegszeiten verschafften. Bei meinen Recherchen für dieses Buch war ich Zeuge derselben Prinzipien, ausgelebt in Erfolgsgeschichten von heute. Dies vier Prinzipien sind:

Ihr Leben in Vertrauen leben.

Wissen, dass Gott einen Plan für Sie hat.

Ein Mensch des Gebetes sein.

Einen dauerhaften Schwerpunkt haben.

1. Ihr Leben in Vertrauen leben

Das Gegenteil von Angst ist Vertrauen. Mithilfe von Vertrauen werden Sie Angst, Ängstlichkeit, Verzögerung und all die anderen Symptome, die durch Angst entstehen, vertreiben.

Vertrauen wirkt wie ein Multivitamin! Vertrauen fördert Hoffnung, Mut, Kühnheit und Überzeugung. Viele Bücher versuchen, Sie dahin zu bringen, Ihre Ängste zu fühlen und zu tun, was sowieso getan werden muss. Aber Sie sagen Ihnen nicht, wie Sie das anstellen sollen. Diese Methode kann funktionieren – eine Zeit lang. Wenn Sie aber mit mehr Angst konfrontiert werden, misslingt Ihnen dieser Denkansatz, weil er sich nur mit Ihren Gedanken befasst und nicht mit den Überzeugungen hinter diesen Gedanken. Die gute Nachricht, die *„Besiege Deine Angst!"* Ihnen vermittelt, ist das „Wie“ Sie diese Angst empfinden sollen und sich trotzdem vorwärts bewegen und zwar, indem Sie Ihr Vertrauen wachsen lassen. Begegnen Sie Ihrer Angst mit Vertrauen auf Ihren Schöpfer, auf Ihre Talente und auf den endgültigen, allerhöchsten Plan, den er für Sie bereit hält. Über 360 Mal sagt die Schrift: „Fürchte Dich nicht!“ Die Bibel sagt niemals: „Keine Angst!“, so wie der Wortlaut vielfach abgeändert wurde. Angst ist sehr real und sie verschwindet nicht. Wenn Sie Ihr Vertrauen gefunden haben, werden Sie in der Lage sein, sich mit Ihrer Furcht anzufreunden und dann aufzuhören, sich zu fürchten. Sie haben Kontrolle über Ihre Furcht. Wenn Sie wissen, wem Sie gehören und daran glauben, dass Sie zu einer bestimmten und einzigartigen Aufgabe berufen sind, wird Ihr Vertrauen alles sein, was Sie zur Überwindung Ihrer Furcht und zur Vollendung der Ihnen zugedachten Arbeit brauchen.

Wie Sie Ihr Vertrauen finden

Was ist Vertrauen? Websters Definition von Vertrauen ist „Glaube, Zuversicht oder Verlass“. Der Apostel Paulus definiert Vertrauen so: „Vertrauen ist die Zuversicht auf etwas, das man erhofft und die Überzeugung von etwas, das man nicht sieht“. Sind Sie zuversichtlich auf Erhofftes und sind Sie wirklich fest davon überezeugt, dass etwas existiert oder geschehen wird, auch wenn Sie es nicht sehen können? Wenn Sie Ihr Vertrauen pflegen – Vertrauen auf Ihren Schöpfer, Vertrauen in sich selbst, Vertrauen in Ihre Bestimmung und Mission – wird Ihnen das Kraft und Antrieb verleihen und Sie werden unaufhaltbar sein!

Die Schlagzeile lautete: „Vertrauen ist wichtiger als Nahrung“. Das war die Schlussfolgerung eines kürzlich erschienenen medizinischen Berichts, der die Zusammenhänge zwischen Stress und Krebs untersuchte. Dieser Bericht führte aus, dass Krebsgeschwüre eine Nebenerscheinung von Ängstlichkeit, Sorgen und Furcht sind. Es wurde erörtert, inwieweit Vertrauen zur Heilung eines Patienten beitragen kann, der an einem Krebsgeschwür leidet. Sogar die Ärzteschaft erkennt die Kraft des Vertrauens an. Für einen Krebspatienten, der sich vor Schmerz windet, ist Vertrauen wichtiger als Nahrung.

Noch Tage, nachdem ich den Bericht über die Geschwüre gelesen hatte, ging mir diese Aussage nicht aus dem Kopf. „Vertrauen ist wichtiger als Nahrung". Ich erkannte, dass diese Aussage auch auf gesunde Menschen zutrifft. Sie ist anwendbar auf Eltern, die alles tun, was in Ihrer Macht steht, um gesunde, glückliche Kinder aufzuziehen. Sie ist anwendbar auf Ehepartner, die bemüht sind, ihre Ehe lebendig zu halten oder sogar, sie aufrecht zu erhalten. Vertrauen lässt sich auf Geschäftsleute anwenden, die hart arbeiten, um einen Verkauf abzuschließen. Das Wichtigste für einen Krebspatienten ist so wie für alle anderen auch, Vertrauen.

Ihre Mühe und Ihre harte Arbeit werden sich bezahlt machen. Ihre Mühe und Ihre harte Arbeit werden Ihnen gleichzeitig auch Frieden bringen, wenn sie auf Vertrauen basieren. Ein Mensch, der kein Vertrauen hat, kann niemals wahre Freiheit und wahres Glück erleben.

Warum? Weil Vertrauen Glauben, Zuversicht, Mut und Fokus bewirkt – genau jene Eigenschaften, die notwendig sind, um Erfolg zu haben.

Das Großartige am Vertrauen ist, dass Sie dazu schon Zugang haben. Vertrauen ist ein Geschenk Gottes, Ihres Schöpfers. Aber viele leben heutzutage ohne dieses Geschenk, das Vertrauen, zu pflegen und erfahren niemals die Kraft, die ihnen zuteil würde, wenn sie die Macht des Vertrauens pflegten.

Vertrauen ist wie ein Muskel. Er muss benutzt, entwickelt und trainiert werden, um seine größtmögliche Wirkung entfalten zu können. Vertrauen wirkt! Je mehr Sie Ihr Vertrauen benutzen desto stärker wird es.

Vielleicht fragen Sie sich: „Wie fange ich es an, dieses Geschenk \`Vertrauen´ zu nutzen und seine große Kraft zu erfahren?“

Vertrauen erfordert eine Beziehung

Wenn ich beschreiben müsste, was nötig ist, um Vertrauen zu entwickeln, würde ich mit einem einfachen Satz antworten: „Vertrauen erfordert eine Beziehung mit Gott ... . “

Diese Art von Vertrauen entsteht, wenn Sie anerkennen, dass ein allmächtiger Gott existiert, der Sie zu einem bestimmten Zweck erschaffen hat und durch eine Beziehung mit Ihm werden Sie Großes bewirken.

Gott wird gepriesen, wenn er durch sein Volk Großes tut. Er möchte, dass Sie erfolgreich sind!

Seine Existenz anzuerkennen – ganz zu schweigen von einer persönlichen Beziehung zu Ihm – mag schwierig für Sie sein, denn wenn Sie, wie die meisten Menschen sind, können Sie Ihr Vertrauen oder was Gott für Sie bedeutet, nicht beschreiben. Und wir tun uns schwer, etwas zu glauben, was wir nicht beschreiben können.

Das ist mir bei den Recherchen für dieses Buch klar geworden. Ich stellte Leuten verschiedenen Alters und Geschlechts die folgende Frage und einige ihrer Antworten haben mich schockiert. Beantworten Sie die folgenden zwei Fragen und sehen Sie, was Ihnen dazu einfällt:

Wenn ich das Wort „Blume“ sage, welches Bild fällt Ihnen dazu ein? Stellen Sie sich eine Blume vor. Schreiben Sie auf, was Sie sehen.

Einige von Ihnen haben vielleicht einfach eine rote Rose oder einen Strauß Gänseblümchen gesehen. Andere sind anspruchsvoller und haben sich einen Garten mit allen nur erdenklichen Blumen vorgestellt! Das assoziieren Sie mit Blumen. Sie können die Vision spielend in Ihren Gedanken erzeugen.

Wenn Sie nun die Worte „Gott der Vater" sagen, welches Bild kommt Ihnen da in den Sinn? Beschreiben Sie, was Sie sehen:

Das ist gar nicht so einfach, nicht wahr? Einige von Ihnen mögen ein strahlendes Licht oder einen auf dem Thron sitzenden älteren Mann gesehen haben. Andere wiederum sehen ihn vielleicht als Richter, der die Verfehlungen der Sterblichen zählt.

Dies sind Ihre mannigfaltigen Assoziationen zu Ihrem Schöpfer. Problematisch wird es, wenn Ihr Glaubenssystem ein negatives Bild davon erzeugt, wer Gott wirklich ist. Millionen von Menschen entgeht ihre Gabe des Vertrauens oder sie erleben niemals das volle Potential in ihrem Leben, weil sie ein negatives Bild von Gott haben. Wenn Sie ein negatives Bild von Gott haben oder negativ zu Ihm eingestellt sind, werden Sie nie in der Lage sein, den großen Segen, der aus einer persönlichen Beziehung zu Gott entsteht, in vollem Umfang zu erfahren. Und damit fehlt Ihnen das Bindeglied, das die Voraussetzung für Ihren Erfolg ist. Dieses Bindeglied heißt VERTRAUEN durch eine Beziehung mit dem lebendigen, liebenden Gott.

Ihre Beziehung mit Gott hängt grundlegend mit Ihrer Beziehung zur Angst zusammen. Ohne die Vision eines liebenden, leitenden und allmächtigen Gott wird Ihr Leben auch weiterhin darin bestehen, dass Sie gerade mal so durchkommen, dass es Ihnen einigermaßen gut geht, Sie irgendwie durchhalten, von einem Tag auf den anderen. Aber das war niemals Gottes Plan für Sie!

Gott hat Sie erschaffen, um mit Ihm in Gemeinschaft zu sein. Sie sind der einzige Teil der Schöpfung, der in seinem Ebenbild erschaffen wurde. Sie sind das einzige Geschöpf, das mit einer Seele erschaffen wurde. Deswegen sind Sie der einzige Teil der Schöpfung, der eigens dafür bestimmt ist, um in einer Beziehung mit Ihm zu sein.

Gott hat in jeden Menschen ein Verlangen gelegt, das nur Er stillen kann. (Er hat das getan, um sicherzustellen, dass sein Volk nach Ihm suchen würde). Und deshalb suchen die Menschen verzweifelt nach einem Weg, dieses Verlangen zu stillen. Sie versuchen es mit Hilfe anderer Menschen, dem anderen Geschlecht, dem Streben nach Geld, Ruhm, Leistung, Kristalle, Essen, Legalismus, Erfolg, Intelligenz, Drogen, Ehe, Elternschaft und vielen anderen Wegen, dieses Verlangen zu stillen; aber nichts funktioniert. Selbst wenn Sie erfolgreich sind oder ihre Ziele erreicht haben, sagen so viele Menschen „war das schon alles?"

Die Menschen haben ein dringendes Bedürfnis nach einer Begegnung mit Gott. Er wird Ihnen begegnen, wenn Sie nach Ihm suchen. Selbst wenn Sie ein erklärter Atheist oder Agnostiker sind, können Sie zu dem Gott, der Sie mit Leben erfüllt hat, um Hilfe anrufen und sagen: „Ich glaube nicht, dass es Dich gibt. Aber wenn doch, dann zeige Dich mir." Gott hat das Versprechen gegeben, sich Ihnen zu zeigen und Ihre Gesinnung zu verändern.

Mit der Vision eines lebendigen, liebenden Vaters, der sich danach sehnt, dass Sie zu Ihm kommen im Gebet und Ihm Ihre Ängste mitteilen, können Sie ein Leben voll Mut und Vertrauen führen, ganz ohne Sorgen und Unsicherheiten. Sie können noch heute von Sorgen befreit werden!

Wenn Sie sich sorgen, verletzen Sie Gott sogar. Die Bibel sagt: „Ein besorgtes Herz ist ein böses Herz." Begreifen Sie Sorge und Mangel an Vertrauen als das, was es ist: die Sünde des Unglaubens. Gott möchte, dass Sie sorglos sind. Er möchte, dass Sie seine

Ermahnung beachten, die lautet: „Alle Dinge wenden sich für diejenigen zum Guten, die glauben und zu seiner Bestimmung berufen sind." GLAUBEN! Vertrauen zu haben, zeigt Ihren Glauben an Gott. Vertrauen ist die tiefgreifendste Form der Liebe.

Ihr Vertrauen ist am stärksten, wenn Sie sich keine Sorgen über Ihre Lebensumstände machen. Ersetzen Sie diese Sorge durch das Vertrauen auf die Möglichkeiten Gottes, in Ihre Lebensumstände einzugreifen. Es ist unmöglich, von Ihren Ängsten kontrolliert zu werden. Wenn Sie Ihre Ängste durch die Erwartung der Antwort Gottes ersetzen, dann ist es unmöglich, dass Ihre Ängste Sie beherrschen. Ihr unermessliches Leben kann Sie zu einem unermesslichen Gott führen.

Was könnte Gott in Ihrem Leben tun, wenn Sie Ihn lassen? Welche erstaunlichen Dinge könnte Er durch Sie vollbringen, wenn Sie bereitwillig Vertrauen statt Furcht wählen?

Kindliches Vertrauen

Während ich das schreibe, klopft es an der Tür. Ich öffne und der zweijährige Nachbarsjunge Matthew steht lächelnd vor mir. Er erwartet, dass ich die Tür öffne, sein Lächeln mit einem noch größeren erwidere und dass er ganz und gar willkommen ist.

Und genau das passierte. Als er das erste Mal klopfte und beim zweiten Mal und beim dritten Mal. Beim vierten Mal ließ ich ihn herein, gab ihm ein Stück Lakritze und bat ihn, später wiederzukommen. Dieses zweijährige Kind kam nicht im Entferntesten auf den Gedanken, dass es zurückgewiesen werden könnte. Es hatte vollstes Vertrauen, dass es willkommen und angenommen sein würde (auch nach viermaligem Klopfen!).

„Das ist es!", dachte ich bei mir. Das ist die Art von Vertrauen, die Gott von uns möchte. Gott möchte, dass wir kindliches Vertrauen haben.

Als mein sechsjähriger Sohn Connor anfing, nachts schlecht zu träumen, zeigte er mir, wie kindliches Vertrauen funktioniert. Vor dem Schlafengehen bestand er darauf, zu beten und Gott um freundliche Gedanken und gute Träume zu bitten. Er glaubte wirklich, dass er durch dieses Gebet – ohne jeden Zweifel – von Albträumen befreit sein würde!

Genau diese Art von Vertrauen hatten unsere Vorfahren. Sie pflegten ihr Vertrauen, indem sie es täglich lebten. Sie waren ihr ganzes Leben lang Zeugen von Gottes großartiger Kraft, weil sie ihr Vertrauen jeden Tag auslebten. Ihr Vertrauen war deshalb so groß, weil sie Gott kannten und eine Beziehung zu Ihm aufgebaut hatten. Wenn Sie beginnen, Ihr Leben in Vertrauen durch eine Beziehung mit Gott zu leben, werden Sie Seinen, für Sie entwickelten einzigartigen Plan jeden Tag erkennen.

2. Wissen, dass Gott einen Plan für Sie hat

Unsere Vorfahren ehrten das Wesen Gottes. Sie wussten, dass Er einen eindeutigen Plan für sie hatte. Sie vertrauten auf Gottes Plan für ihr Leben. „Wir vertrauen auf Gott" stand auf der Währung. Die erste Verfassungsänderung erfolgte, um jeglicher Einmischung und Einflussnahme der Politik auf die Religion zu verhindern. Sie ehrten das Wesen Gottes und lebten ihr Vertrauen aus.

Sie wussten, Gott ist allmächtig und allwissend. Und sie zogen Stärke und Kraft aus diesem Glauben. Gott hat niemals irgend etwas lernen müssen. Sein Wissen ist seit jeher Vollkommen und wird es in alle Ewigkeit sein. Sein Wissen ist grenzenlos.

Gott ist unübertrefflich. Er hat einen perfekten Plan. Er hat Sie erschaffen, Er hat Ihnen das nötige Rüstzeug gegeben und Sie zu einem Teil seines großen Planes gemacht.

Heute haben wir das Problem, dass wir Gott zu gering schätzen. Wir haben unsere Ehrfurcht davor, wer Gott ist, verloren. Wir haben Gott auf Fernsehprogramme reduziert, Gottesdienst am Sonntagmorgen, sonst überhaupt Nichts. Viele haben Gott und Seine Macht herabgesetzt und sich selbst und was sie individuell tun können zum obersten Prinzip erhoben.

Ich weiß von Leuten, die sagen: „Das ist meine Leistung", wenn ihnen etwas Gutes widerfahren ist. Wie der Mensch der Renaissance, wollen sie selbständig sein, für sich selbst sorgen und dann stolz auf ihre Verdienste sein. Diese Einstellung ist in unserer Gesellschaft heute weit verbreitet. Es gibt sogar ein Buch, das von Millionen von Menschen gelesen, in vierundzwanzig Sprachen übersetzt wurde und einundneunzig Wochen lang auf der New York Times-Bestsellerliste stand.

Das Buch heißt „Gespräche mit Gott". Die Kernbotschaft ist, dass es keinen Gott gibt, sondern dass wir alle Götter sind und alle alles selbständig machen können. Dort steht: „Hochentwickelte Kulturen des Universums sind sich darüber im Klaren, dass es keine Trennung zwischen ihnen und Gott gibt."

Einer der Hauptgründe, warum das Leben so vieler Menschen heute derart mit Angst erfüllt ist, besteht darin, dass sie keine Trennung und keinen Unterschied zwischen einem heiligen Gott und sich selbst sehen. Sie glauben, sie sind Gott. Viele Religionen lehren, dass die Menschheit ein höheres Bewusstsein aufbauen muss, um mit Gott zu kommunizieren – und letztendlich göttlich wird. Sie glauben, wenn sie ausreichend meditieren, werden sie christliches Bewusstsein schaffen und eins mit Gott sein.

Dies ist der Hauptgrund, warum ich mich so zum Christentum hingezogen fühle. Es ist die einzige Religion, in der ein heiliger Gott zur Menschheit hinunterreicht (nicht anders herum). Es ist die einzige Religion, die lehrt, dass die Menschheit nichts tut, um die Einheit mit Gott zu verdienen. Es liegt nur in Gottes Gnade und seinem ureigensten Wesen, dass Er hinunterreicht, um eine persönliche Beziehung mit jedem Einzelnen von uns einzugehen, der sich entschlossen hat zu glauben.

Das bedeutet aber nicht, dass Sie keinen Anteil an Ihrer Beziehung mit Gott haben. Ihren Glauben an Ihn – und Ihr Bedürfnis nach Ihm – anzuerkennen, das ist Ihr Beitrag zu Ihrer Verbindung zu Gott. Sie sind ein Mitarbeiter Gottes. Er benutzt Ihren Glauben, um Ihnen seinen Willen einzuprägen. Während der Eine Gott seinen Willen und seine Wunder offenbart, ist es Ihr Vertrauen auf Ihn, das die Kraft ausmacht. Ihr Anteil an der Verbindung zu Gott ist Ihr Vertrauen. Und je stärker Ihr Vertrauen ist, desto offensichtlicher sind Gottes Wunder.

Wussten Sie, dass Jesus niemals irgendwelche Wundertaten in seiner Heimatstadt vollbrachte?

Bei Matthäus steht geschrieben, dass Jesus, weil Ihm in seinem Land das Vertrauen fehlte, dort keine Wunder vollbrachte. Vertrauen ist unser Anteil, Gottes Macht zu manifestieren. Vertrauen ist der Schlüssel für Gottes Wirken durch sein Volk. Gottes Vorsehung ist so groß wie Ihr Vertrauen.

Alle Menschen haben im Innersten ihres Wesens ein instinktives Bedürfnis nach Gott. Sie wissen, dass ihre eigenen Bemühungen irgendwann zu Hoffnungslosigkeit führen werden. Angst wird aufkommen, eine Angst, die sie verzehrt, steuert und letztlich langsam ihr Vertrauen abtötet.

Das in der Bibel beschriebene Heilmittel unserer Vorfahren gegen die Angst (welche ja in direktem Gegensatz zur Sichtweise des Humanismus steht) ist, dass sich der Mensch demütig in Gottes Hand begibt und er wird ihn emporheben. Gott hat sie nach Seinem Ebenbild erschaffen, aber nicht, um Er zu sein.

Demut bedeutet, dass sich Ihr Leben nicht um Sie dreht. Es geht um den Plan Gottes, und wie Er durch Sie Wunder geschehen lassen kann. Demut bedeutet nicht, dass Sie keinen Erfolg erlangen.

Es bedeutet, dass Sie, wenn Sie Erfolg erlangen, wissen, wer all dies möglich machte.

Kürzlich hörte ich eine tolle Geschichte über Demut:

Ein erfolgreicher Geschäftsmann hängte in seinem Büro ein Bild von einer Schildkröte auf, die auf einem Zaunpfahl saß. Als er gefragt wurde, warum, erklärte er: „Die Schildkröte konnte nur auf diesen Zaunpfahl gelangen, weil sie jemand dorthin gesetzt hatte!" Dieses Bild erinnerte den Geschäftsmann daran, dass er bei all seinem Erfolg niemals vergessen sollte, wer ihn dorthin gebracht hatte. Also, das ist wahre Demut!

Ein gutes Gleichnis für Demut ist die Geschichte, wie der Mond zu seinem Licht kommt. Das Mondlicht entsteht durch die Reflektion des Sonnenlichts. Demut ist das Leuchten in Ihrem Leben, reflektiert vom Glanz Gottes.

Der Apostel Petrus empfiehlt in der Bibel als Heilmittel gegen die Angst, der Mensch solle sich demütig in die mächtige Hand Gottes begeben und Er wird ihn empor heben.

William Beebe war Biologe, Forscher, Schriftsteller und ein persönlicher Freund Theodore Roosevelts. Ich habe gelesen, dass er Roosevelt des Öfteren in seinem Zuhause nahe der Oyster Bay auf Long Island besuchte. Er erzählt von einem kleinen Spiel, das sie zu spielen pflegten:

Nach einem Abend des Gesprächs gingen Roosevelt und Beebe hinaus auf den Rasen, der das große Haus umgab und suchten den Himmel solange ab, bis sie den undeutlichen Lichtfleck über der linken unteren Ecke des großen Vierecks des Pegasus fanden. Dann sagte einer von ihnen: „Das ist die Spiralgalaxie in der Andromeda. Sie ist so groß wie die Milchstraße. Sie ist eine von hundert Millionen Galaxien. Sie besteht aus hundert Milliarden Sonnen, jede größer als unsere Sonne. Und Gott hat das alles erschaffen."

Dann grinste Roosevelt Beebe an und sagte: „So, ich glaube wir wissen jetzt, dass wir klein genug sind und Gott groß genug ist. Gehen wir zu Bett!“ –

Menschen, die die Größe Gottes kennen und wissen, dass sie ihn brauchen, leben ihr Leben im Glauben – jene Art von Glauben, der Berge versetzen kann.

In den Römerbriefen versucht Paulus, Gott zu erklären, und beendet das Kapitel folgendermaßen: „O Tiefe Gottes! Wie unerforschlich seine Wege.“ Und weiter: „Denn wer hat die Gedanken des Herrn gekannt? Oder wer ist sein Ratgeber gewesen?“

Kein menschlicher Geist kann Gott und seine Wege vollständig verstehen. Aber Sie können versichert sein, dass sein Plan läuft, auch jetzt, während Sie dieses Buch lesen. Es gibt keine Zufälle. Jede Lebenslage, in der Sie sich befinden und jeder Mensch, dem Sie begegnen, alles ist letztlich Teil seines Plans für Ihr Leben.

Wenn Sie das Wesen Gottes kennen, schöpfen Sie aus seiner Kraft. Die Tatsache, dass Er alles über Sie weiß – jedes kleine, tiefe oder dunkle Geheimnis – und Sie doch liebt, kann Ihnen Freude und Frieden bescheren. Er kennt jedes Detail darüber, was in Ihrem Leben vor sich geht, und positioniert Sie genau jetzt in Seinem unendlichen Plan für Sie. Nichts entgeht Gottes Blick.

Neulich fragte ich meine drei Kinder, wem sie gehorchen müssen. Sie tönten alle heraus: „Wir müssen unserem Vater und unserer Mutter gehorchen.“ (Was für brillante Kinder!) Dann erzählte ich ihnen, dass sie eines Tages erwachsen sein würden und uns nicht mehr gehorchen müssten. Als ich sie fragte, wem sie dann gehorchen müssten, wussten sie keine Antwort. Nach einer langen Pause, sprang Beau auf und sagte: „Wir müssen Gott gehorchen!“

Anne Lott, Autorin von „Traveling Mercies“, schreibt: „Die meisten meiner Bekannten, die ein Ziel verfolgen, Herz haben, ausgeglichen sind und sich freuen können, sind gläubige Menschen. Sie folgen einem helleren Licht als dem Flimmern ihrer eigenen

Kerze."

Es gibt ein Buch, das der Prüfung der Zeit standgehalten hat. Es wurde in jede bekannte Sprache übersetzt, ist von Millionen rund um den Globus gelesen worden und enthält Gottes ureigenste Gedanken. Ja, ich spreche von der Bibel. Die Kernbotschaft dieses Buches ist: Es gibt einen Gott und Gott hat alle Dinge für einen Zweck erschaffen. Er interessiert sich für Sie, sorgt sich um Sie und möchte eine persönliche Beziehung mit Ihnen für die Ewigkeit. Dieses Buch lehrt Sie, Ihr Vertrauen nicht in sich selbst zu legen sondern sich in ihm zu verankern.

Stellen Sie sich ein Boot vor – dem Boot des Lebens. Wenn Sie Ihr Vertrauen in sich selbst verankern und an einem Punkt Ihren Anker auswerfen, zerstören Sie sich selbst. Aber wenn Sie sich in Gott verankern und irgendwo den Anker auswerfen, so bringt Er Ihnen Frieden, Sicherheit und Stärke. Wie viel mehr könnten Sie durch Ihn bewerkstelligen?

Wenn Gott uns ruft, damit wir glücklich sind, gibt Er uns die Antwort, um die drei „Killer Ihrer Ziele" zu besiegen: Sorgen, Ängstlichkeit und Furcht. Besiegen Sie Ihre Angst, indem Sie Vertrauen pflegen! Pflegen Sie Ihr Vertrauen, indem Sie eine Beziehung mit Gott eingehen. Das wird Ihr Leben verändern. Es wird Ihr Denken verändern, Ihnen die Kraft geben, Ihre Angst zu überwinden und Ihnen den Mut geben, alles zu tun, wofür Sie bestimmt sind.

Großes Vertrauen beginnt damit, dass man das Wesen Gottes kennt. Aber, Wissen ist nutzlos, wenn man es nicht anwendet. Nun, Sie können dieses Wissen anwenden und beobachten, wie es Ihr Leben grundlegend zum Besseren verändert, durch das Gebet.

3. Machen Sie das Gebet zu einem Teil Ihres Lebens

Was möchten Sie, wenn Sie jemanden lieben? Sie möchten Zeit mit ihm verbringen! Darum ist das Gebet so wichtig für Gott. Er liebt Sie und möchte Zeit mit Ihnen verbringen. Er möchte wissen, dass Sie Ihn lieben. Das Gebet, das Gespräch mit Gott, ist einer der Wege, Ihre Liebe zu Ihm zu zeigen.

Wenn Sie finden, dass Ihr Leben zu ausgelastet ist, um eine ruhige Zeit mit Gott zu verbringen, werden Sie niemals seine große Kraft erfahren.

Wie ich bereits erwähnte, war das, was nach meinem „Durchbruch von Bermuda", mein Leben am meisten verändert hat, der Umstand, dass ich täglich eine Stunde mit Gott verbrachte. Ich wusste, dass ich, wenn ich Ihn kennen lernen wollte, Zeit mit Ihm verbringen musste. Diese Stunde mit Gott gibt mir einen starken Fokus und mächtigen Mut. Das hat mich verändert. Und ich mag die Person, in die ich mich verwandle. Ich mag den Frieden, die Zuversicht und die Freude, die ich gefunden habe. Dass ich das Gebet zu einem Teil meines Lebens gemacht habe, hat einen besseren Menschen aus mir gemacht und dasselbe wird mit Ihnen geschehen.

Sie sind es leid, Ihren Tag und die Menschen um sich zu kontrollieren? Sind Sie erfüllt von der Angst, die Kontrolle zu verlieren und zu versagen? Wenn Sie sich entscheiden, Zeit mit Ihrem Schöpfer zu verbringen, auf seinen Plan für Ihr Leben zu hören und so zulassen, dass er Ihnen dadurch Kraft gibt, dann werden Sie von diesen Zuständen geheilt sein. Sie werden mit unglaublichem Mut in jede Situation hineingehen – weil Sie wissen, dass Sie nicht alleine sind. Sich beruhigt auf das Wissen stützen, dass es vollkommen gleichgültig ist, ob das Ergebnis ein sofortiger Erfolg ist oder nicht, weil Sie sich sicher sind, dass es so oder so Teil des obersten Planes ist. Und der, der diesen Plan gemacht hat, ist bei Ihnen.

Eines der größten Missverständnisse hinsichtlich des Gebetes ist es zu glauben, dass es für Priester, Pastoren oder die „Gläubigen" reserviert ist. Das ist falsch. Jeder Mensch hat Zugang zu Gott.

Es gibt keine Voraussetzungen für das Gebet. Gott drängt auf die Begegnung mit Menschen. Es ist seine Art, sich selbst, seine große Kraft zu zeigen und Vertrauen aufzubauen.

Wenn Sie wissen, dass jemand Sie liebt, werden Sie demjenigen alles geben, was Sie haben. Sie werden ihm Ihr Geld zur Verfügung stellen und jederzeit für ihn da sein. Es ist dasselbe mit Gott. Wenn Er weiß, dass Sie Ihn lieben, werden Sie alles bekommen, was Er zu geben hat. Wenn Sie sich zum Gebet bekennen, werden Sie Seine große Liebe erfahren und seine Macht, in Ihrem Leben Gutes geschehen zu lassen.

„Das Auge hat all die guten Dinge nicht gesehen und die Ohren haben sie nicht gehört, die Gott für diejenigen, die Ihn lieben, bereit hält", sagt uns der Apostel Paulus über Gott.

Für mich persönlich bedeutet das: „Bin ich bereit, damit aufzuhören, immer nach einem noch besseren Plan, als dem von Gott gegebenen, zu suchen?"

Durch das Gebet und die mit Gott verbrachte Zeit habe ich Seinen Plan für mein Leben entdeckt. Die Ironie an der Sache ist, dass Sein Plan meiner Persönlichkeit und meinen tatsächlichen Sehnsüchten perfekt entspricht. Ich hatte immer gedacht, Gottes Plan für mein Leben zu folgen würde bedeuten, all die verhassten Dinge tun zu müssen, die ich nur ungern verrichte, Opfer zu bringen und Regeln zu beachten, die ich nur widerwillig befolgen würde. Stimmt nicht! Ich hätte nicht falscher liegen können! Stattdessen wurde mir klar, dass Gott unsere Talente, Sehnsüchte und Fähigkeiten (die wir ja ursprünglich von Ihm erhalten haben) im Einzelnen für Seinen endgültigen Plan nutzt. Wenn Sie Gottes Plan für Ihr Leben kennen, dann sehen Sie alles in einem neuen Licht. Ihr gesamtes Dasein strahlt Zuversicht, Freude und Frieden aus!

Wenn Sie das nicht glauben, dann nur, weil Sie es nicht gesehen haben. Sie haben nicht gesehen, wie Gottes unvorstellbare Kraft im Leben von Menschen wirkt, die ihn lieben. Ich habe es gesehen.

Ich glaube an die Kraft des Gebetes und an die Allmacht Gottes, weil ich es gesehen habe.

Durch Charlotte wurde ich Zeuge von der Macht des Vertrauens. Charlotte arbeitete an der Universität Stanford für ein Projekt zur Entwicklung der ersten Magnetschwebebahn in den USA. Dieses groß dimensionierte Projekt wäre ohne anhaltendem Gebet, Vertrauen und dem Gespräch mit Gott nicht zustande gekommen.

Charlotte wollte mich am Wochenende besuchen kommen, die planmäßige Ankunft ihres Fluges war am frühen Freitagnachmittag. „Komm mich erst gegen Abend abholen“, sagte Sie. Ich treffe mich mit dem Direktor einer großen Bank, um ihn um finanzielle Unterstützung für dieses Projekt zu bitten.“

Ich konnte kaum glauben, dass sie so schnell einen Termin bekommen hatte, sie hatte sich erst in dieser Woche entschlossen zu kommen. Als ich sie danach fragte, meinte sie: „Ich habe keinen Termin. Aber Gott sagt mir, ich soll diesen Mann darum bitten, als Investor einzusteigen, also mache ich das.“

Ich holte Charlotte an diesem Freitagabend um halb sieben vor dem Bankgebäude ab. Sie strahlte über das ganze Gesicht und hatte einen weiteren Investor für ihr Projekt. Erstaunlich! Sie öffnete die Autotür und sagte: „Gott ist gut!“

Ich habe Ehen gesehen, die zum Scheitern verurteilt waren und durch Gebet neu belebt wurden und wieder in Ordnung kamen. Ich habe Theresa, die Frau eines Alkoholikers, beobachtet, wie sie vor Gott auf ihre Knie fiel und Ihn um Heilung und Sinneswandel ihres Mannes bat. Und es geschah! Nach Jahren der Alkoholabhängigkeit trat ihr Mann schließlich vor sie und Gott hin, gab sein Problem zu und sah ein, dass er Hilfe brauchte. Gemeinsam haben sie Hilfe gesucht und bekommen. Heute wissen sie, dass dieser Wandel unmittelbar von der Gnade Gottes ausging von ihrer Bereitschaft, Gott um Hilfe, Weisheit, Stärke und Heilung zu bitten.

Ich habe gesehen, was die Macht Gottes im Leben meines Cousins Tom bewirkt hat. Als er eine Stelle in Chicago angeboten bekam, wussten er und seine Frau Jennifer, dass Gott sie zu diesem Umzug aufrief. Voll Vertrauen wagten sie also den Schritt, boten das Haus zum Verkauf an und bereiteten alles für die Übergabe vor. Es vergingen jedoch Monate, ohne dass ihr Haus verkauft wurde.

Als ihnen klar wurde, dass sie gezwungen sein würden, ihr Haus in Florida unverkauft zurückzulassen, verloren sie langsam den Mut.

Eines Morgens, sie waren gerade dabei, alles für das Verlassen des Hauses vorzubereiten, hielt Tom inne und sagte: „Beten wir darum, dass Gott uns bis zum Wochenende einen Käufer bringt und wir alles abschließen können, bevor wir nach Chicago ziehen." Also beteten sie. „Gott, wenn es Dein Wille ist, bitte besorge einen Käufer für unser Haus, bevor wir nach Chicago aufbrechen." Sie baten. Sie baten im Vertrauen. Sie baten in Erwartung einer Antwort.

Wer nicht bittet, bekommt auch nichts. Der Apostel Paulus erinnert uns an diese Wahrheit. Die meisten Menschen haben keine Ahnung von der Größe Gottes und machen Ihn infolgedessen zu klein. Und deshalb bitten sie auch nie um etwas. Oder sie glauben, es wäre egoistisch, um die Erfüllung ihrer eigenen Bedürfnisse und Wünsche zu bitten.

Zu bitten ist einer der wichtigsten Schritte auf dem Weg zum Erfolg. Viele Verkäufer halten wunderbare Verkaufsvorträge, bitten dann den Kunden aber nicht zu kaufen. Die meisten Eheleute beschweren sich über die Unzulänglichkeiten ihres Ehepartners, aber sie bitten nie um das, was sie brauchen. Wenn Sie eines aus diesem Kapitel ziehen, so hoffe ich, dass Sie anfangen, um das zu BITTEN, was Sie möchten! Fangen Sie an, indem Sie Gott bitten. Die Bibel sagt uns, dass Gott jedem die Hand reicht und bereit ist, dem zu geben, der vertrauensvoll darum bittet! Können Sie sich das vorstellen? Gott, der Herr des Universums möchte Ihnen geben. Er möchte Sie segnen. Er möchte Ihre Gebete erhören, um so seine große Kraft zu mehren. Aber zuerst müssen Sie darum BITTEN!

Wir bitten deshalb nicht, weil wir nicht wirklich daran glauben, dass Er unsere Gebete erhört. Wir haben es bereits früher versucht und es hat nicht funktioniert. Gott hält unseren Terminplan nicht ein, also geben wir es auf, zu Ihm zu beten. Wenn Gott unser Gebet nicht erhört, dann aus gutem Grund: Entweder, weil Er weiß, dass es nicht gut für uns wäre, oder weil Er möchte, dass unser Vertrauen wächst.

1. Er weiß, dass es nicht zu Ihrem Besten wäre:

Ein zweijähriges Kind beobachtete seinen Vater eines Nachmittags beim Gemüse schneiden. Der kleine Junge war fasziniert von der glänzenden silbernen Klinge, die das Sonnenlicht reflektierte. Er quietschte vor Vergnügen und bettelte seinen Vater, ihm das „Spielzeug" zu geben. Natürlich gab ihm der Vater das Messer nicht, auch wenn der kleine Junge noch so sehr bettelte. Dieser Vater ist wie unser himmlischer Vater. Er weiß, was Sie verletzen würde und gibt nur, was gut für Sie ist.

2. Er möchte Ihr Vertrauen mehren:

Gott erhört das Gebet in manchen Fällen nicht, weil Er weiß, dass das Warten Ihr Vertrauen mehrt. So war es bei meinem Cousin Tom und seiner Frau. Ihr Gebet wegen des Hausverkaufs blieb zunächst unerhört. Also hörten sie auf zu beten und fingen an zu packen, bis sie sich berufen fühlten, ein weiteres Mal zu beten. Dann konnte Gott das Unvorstellbare, Undenkbare, Ungeheuerliche tun. Hier ist das Ende der Geschichte:

An besagtem Wochenende rief ein Paar an, das sich ihr Haus

schon zweimal angesehen hatte. Sie wollten es noch einmal besichtigen. „Das könnte es sein!" sagten sich Tom und Jen.

Genau zur selben Zeit kam ein anderes Paar die Auffahrt heraufgefahren, um nach dem Weg zu einem freien Haus, das sie in der Morgenzeitung zum Verkauf angeboten gesehen hatten, zu fragen.

Tom sagte zu ihnen: „Das ist nicht das in der Zeitung angebotene Haus, aber es steht auch zum Verkauf und sie können gerne hereinkommen und es sich ansehen." Am Ende dieses Wochenendes hatten Tom und Jen zwei Angebote für ihr Haus!

Das Paar, das das bessere Angebot gemacht hatte und das Haus schließlich kaufte, hatte eine Bedingung: Sie mussten spätestens bis zum ersten März einziehen, zwei Tage vor dem geplanten Umzug nach Chicago!

Diese wahre Geschichte zeigt uns das Wesen Gottes. Er möchte jenen geben, die bitten. Er sucht sich Menschen aus, die Vertrauen haben, um seine große Kraft zu zeigen. Wenn Sie im Vertrauen um etwas bitten, wird Er Sie dadurch überraschen, dass der Segen, den er Ihnen zuteil werden lässt, all Ihre Erwartungen übertrifft!

Das Gebet mehrt Ihr Vertrauen, so dass Sie Ihre Angst besiegen können. Sobald Sie das Gebet zu einem Teil Ihres Lebens machen, beginnen Sie, Ihr Leben in Vertrauen zu führen. Alles an Ihnen ist anders. Sie fühlen keine Notwendigkeit, auf Erfolg zu drängen. Sie vertrauen zuversichtlich auf Gottes Wahrheit und ziehen den Erfolg an!

Sobald Sie das Gebet zu einem Teil Ihres Lebens machen, beginnen Sie, Erfolg anders zu definieren. Ruhm, Geld, (Sex, Drogen und Rock´n Roll) erscheinen Ihnen dann in einem ganz anderen Licht. Sie fangen an, sich mit Dingen, die einen ewigen Wert haben, zu identifizieren und nicht mit Dingen dieser Welt, die alle vergänglich sind.

Ein dauerhafter Schwerpunkt

4. Einen dauerhaften Schwerpunkt haben

Kennen Sie das größte jemals errichtete Bauwerk? Dieses Bauwerk ist das einzige Gebilde, das vom Mond aus zu erkennen ist. Geben Sie auf?

Wie lautet der Name des Mannes, der dieses riesige, höchst ungewöhnliche Werk erbaut hat? Zweifelsohne wird die Welt ihm für seine eindrucksvolle Leistung ein bleibendes Andenken beschert haben. Trotzdem, wenn es Ihnen so geht wie mir, wissen Sie seinen Namen nicht, noch, um welches Bauwerk es sich handelt, oder wo sich dieses befindet. Dieses massive Bauwerk ist die Chinesische Mauer, erbaut von dem Architekten Qin Shi Hyang Di. Man möchte meinen, er und sein großartiges Bauwerk würden für immer unvergessen bleiben. Stimmt nicht.

Wie steht es mit dem schönsten Bauwerk der Welt? Wir würden uns ganz bestimmt an das schönste Bauwerk aller Zeit erinnern. Kennen wir den Namen des Erbauers? Wahrscheinlich nicht. Die meisten Menschen wissen nicht, wer das Taj Mahal erbaut hat. Das schönste architektonische Bauwerk aller Zeiten. Die meisten wissen nicht einmal den Namen unserer Urgroßmutter mütterlicherseits.

Die Wellen der Zeit spülen unsere Namen und unsere Bemühungen hinweg, wie die Wellen, die über unsere Fußspuren im Sand fließen und sie wegspülen, als ob sie niemals da gewesen wären.

Als ich Lehrerin war, habe ich ein eigenes Leseprogramm erstellt. Es beruhte auf dem Prinzip, dass alle Kinder lesen lernen können. Als ich das Programm unserer Schulleiterin Ellen Flynn vorstellte, bekundete sie ihre Unterstützung und war begeistert von den Möglichkeiten, die sich daraus ergeben würden. Sie erklärte mir, ich müsse eine Sondergenehmigung von der Schulbehörde einholen, bevor ich mit der Umsetzung meiner Ideen beginnen könne. Nachdem die Behörde den Plan geprüft und meiner Klasse einen Besuch abgestattet hatte, erhielt ich die Zusage. Wir bekamen ein Budget, eine Sondergenehmigung und ein Klassenzimmer voller wunderbarer Kinder. Es wurde ein riesiger Erfolg! Die Kinder lernten und sie lernten gerne. Die Testergebnisse verbesserten sich, alle hatten ihre Freude an diesem tollen Leseprogramm. Jedes Kind, das durch meine Klasse ging, konnte lesen. Andere Lehrer baten mich, Workshops und Seminare über dieses großartige Programm zu halten.

Dann, nachdem ich dieses Programm sechs Jahre lang gelehrt hatte, entschieden Mark und ich uns, eine Familie zu gründen. Da wir ja immer gesagt hatten, dass ich zuhause bleiben würde, um unsere Kinder großzuziehen, gab ich meine Anstellung als Lehrerin auf. Als ich meine Bücher, Lernutensilien und Spiele zusammenpackte, dachte ich bei mir: „Kein Problem, bestimmt wird ein anderer Lehrer mein Programm fortführen und der Erfolg wird anhalten."

Ein Jahr später besuchte ich mit meiner kleinen Tochter Auriana die Schule. Nachdem ich alle Kollegen begrüßt hatte, ging ich in meinen alten Klassenraum, begierig zu sehen, wie der neue Lehrer mein Leseprogramm anwendete. Aber, als ich das Klassenzimmer betrat, war nichts davon zu bemerken.

„Wahrscheinlich haben sie dem Programm so viel neues Material hinzugefügt, dass sie ein größeres Klassenzimmer brauchten," dachte ich bei mir. Doch zu meinem Kummer stimmte das keineswegs.

Nachdem ich überall nach Hinweisen auf mein Programm gesucht hatte, fragte ich schließlich einen der Lehrer.

„Oh, Lisa, wir wollten das Programm wieder starten. Aber bei all den Budgetkürzungen und den zunehmenden Schülerzahlen pro Klasse fehlte uns einfach die Zeit", war die von mir schon befürchtete Antwort.

Schließlich fand ich an diesem Tag mein Leseprogramm – im Abstellraum, alle zwanzig Kisten fein säuberlich aufgestapelt (weggestapelt) und vergessen. Ich stieg in mein Auto und weinte den ganzen Weg nach Hause. Ich heulte: „Es ist alles vorbei und vergessen!"

Diese schmerzliche Erfahrung half mir, den Schwerpunkt in meinem Leben zu verändern. Sie half mir zu erkennen, dass kein Programm, keine Idee von Dauer und dass jeder Mensch ersetzbar ist.

Alles auf dieser Erde ist vergänglich. Alle Stars dieser Welt, seien es Größen in Musik, Film oder Sport, sind vergleichbar mit Sternschnuppen. Mögen sie heute noch so schön glänzen, es geht ihnen wie den Spuren im Sand: Morgen sind sie verschwunden – und vergessen.

So wie unsere Vorfahren, die von Vertrauen erfüllt waren, können wir bleibende Spuren hinterlassen, wenn wir die Anliegen Gottes zu den unseren machen. Es ist mir klar geworden, dass wir nur dann einen bleibenden Einfluss nehmen können, wenn wir uns dem Einzigen auf dieser Welt widmen, das niemals vergeht: der Seele eines anderen Menschen. Die Seele ist unsterblich. Seelen sind vergleichbar mit den Sternen des Himmelreichs. Und diese Sterne vergehen nie!

Als ich anfing, mich in meinem Streben an Gott zu orientieren, änderte sich mein Schwerpunkt. Mir erschienen jetzt andere Dinge wichtiger als zuvor. Nun war ich vollkommen ausgeglichen und in der Lage, die Angst zu überwinden und Vertrauen aufzubauen. Das heißt nicht, dass man aufhört, nach etwas zu streben, zu arbeiten oder etwas zu schaffen - ganz im Gegenteil! Es bedeutet, dass unser Streben, unsere Arbeit, unser Schaffen auf einen anderen Schwerpunkt ausgerichtet sind und eine höhere Bedeutung erlangen.

Diese Erkenntnis bewahrheitete sich in vollem Umfang, während ich dieses Buch schrieb. Es waren neun Monate vergangen, seit ich mein Buchprojekt abgeschlossen hatte. Als ich es durchging und noch einmal las, hatte ich das Gefühl, dass es gut war. Aber irgend etwas fehlte. Wissen Sie, ich hatte es aus meinen Recherchen, aus meiner Erfahrung und aus meinem Verstand heraus geschrieben. Was ich jedoch völlig außer Acht gelassen hatte, waren die Erfahrung und das Wissen des Herzens. Ich hatte mich mit dem zufrieden gegeben, was ich für gut befand und nicht nach dem gestrebt, was Gott für das Beste hält. Selbst als mir das klar geworden war, hatte ich Angst davor, den spirituellen Teil einzubeziehen, weil ich mir nicht sicher war, ob sich das verkaufen ließe. Gott bewog mich, meine Beweggründe noch einmal zu überdenken und ich kehrte an den Schreibtisch zurück, um dieses Buch zu überarbeiten und beides einfließen zu lassen, das Wissen des Verstandes und das Wissen des Herzens, für den Sieg über die Angst. Ich weiß, dass meine Bemühungen und meine Arbeit letztlich dort von Bedeutung sind, wo es um Gottes Bestimmung, um die Seele des Menschen und um Dinge geht, die eine bleibende Wirkung haben.

Sehen Sie noch einmal die vier Grundsätze an, nach denen erfolgreiche Menschen leben:

Ihr Leben in Vertrauen leben.

Wissen, dass Gott einen Plan für Sie hat.

Das Gebet zu einem Teil Ihres Lebens machen.

Einen dauerhaften Schwerpunkt im Leben haben.

Diese vier Prinzipien bilden die Grundlage, um Ihre Angst zu besiegen. Deren Kraft hat sich im Erfolg unserer Vorfahren bewiesen. Und sie sind bis heute der Grundstein für den Erfolg, Quelle, aus der Sie Kraft schöpfen können. Wenn Sie diese Prinzipien befolgen und sie zu einem Teil Ihrer selbst machen, dann können Sie sicher sein, dass Ihr Erfolg Ihnen auch Frieden, Mut, einen Schwerpunkt und Bedeutsamkeit beschert. Sie werden nicht nur Ihre Angst besiegen, Ihr Erfolg wird auch darüber hinaus gehen, was Sie für gut halten, und zu dem werden, was Gott für Ihr Bestes hält.

Die Wahrheit über Erfolg und Misserfolg enthüllen

Die Wahrheit über Erfolg und Misserfolg zu kennen ist Ihr Fahrschein in die Freiheit! Wenn Sie sich eine souveräne Einstellung zu Erfolg und Misserfolg aneignen, geben Sie sich damit selbst die Kraft, Ihre Verhaltensweise zu ändern. Sie werden anfangen, sich auf eine Art und Weise zu verhalten, zu handeln und zu reagieren, die Sie zu einem zufriedenen Menschen macht.

Mit Ihrem persönlichen Aktionsplan werden Sie schließlich Ihre schlechten Gewohnheiten ablegen und beginnen, alles, was Sie wollen, anzuziehen und zu erreichen! Machen Sie die nächsten zwei Kapitel zu Ihrem persönlicher Aktionsplan, der Ihnen dabei hilft, jegliche Angst, die Sie möglicherweise mit Erfolg oder Misserfolg verbinden, zu besiegen!

„Viele Misserfolge im Leben rühren daher, dass Menschen nicht erkannt haben, wie nahe sie dem Erfolg waren, als sie aufgegeben haben."

– Thomas Edison

„Ein Versager ist ein Mensch, der einen Fehler gemacht hat, jedoch von der Erfahrung nicht profitieren kann."

– Elbert Hubbard

Kapitel 7

Besiegen Sie Ihre Angst vor Misserfolg

Angst vor Misserfolg kann Sie in einen Zustand der Lähmung versetzen. Sie haben keine großen Träume, weil Sie nichts riskieren wollen. Sie verfolgen Ihre Ziele nicht bis zum Ende, damit Sie sich nicht dem Gedanken stellen müssen, dass Sie vielleicht versagen könnten.

Möglicherweise sind Sie früher in einer Beziehung verletzt worden, also haben Sie Angst vor Verlust, Zurückweisung oder davor, nicht akzeptiert zu werden. Möglicherweise haben Sie in Ihren Beziehungen Gewalt erfahren und vermeiden deshalb Konfrontation.

Unabhängig von Ihren Erfahrungen oder Ihrer Situation können Sie Ihre Angst vor Misserfolg dadurch bezwingen, dass Sie die Wahrheit darüber wissen. Sobald Sie eine souveräne Einstellung gegenüber Misserfolg annehmen, werden Sie lernen, jeden Misserfolg als eine Stufe zu nehmen, die Sie Ihrem Erfolg näher bringt.

Ändern Sie Ihre Ansicht über Misserfolg und damit Ihre Angst davor

Mark und ich hatten gerade erst geheiratet. Wir waren verliebt und verhielten uns wie typische Frischvermählte. Dann, nur zwei Wochen, nachdem wir uns das Jawort gegeben hatten, passierte es – wir gerieten in unseren ersten großen Streit.

Ich kann mich noch an die Szene erinnern. Ich brüllte etwas Gemeines, marschierte aus der Wohnung, knallte die Tür hinter mir zu und dachte: „So fühlt man sich bestimmt, wenn man sich scheiden lässt".

Gut, ich weiß, dass Sie jetzt darüber lachen. Aber ich empfand das wirklich so. Wissen Sie, meine Eltern stritten nie vor uns Kindern. Daher dachte ich, wenn Paare streiten, dann trennen sie sich.

Klingt lächerlich, nicht wahr? Aber dasselbe Prinzip läuft in Ihrem Kopf ab, wenn Sie denken, dass ein Misserfolg für Sie das Zeichen zum Aufgeben ist und sich von Ihrem Ziel „zu verabschieden".

Wahrheiten über Misserfolg

Misserfolge sind die Schritte, die Sie auf dem Weg zum Erfolg unternehmen.

Scheitern hilft Ihnen, sich mehr auf andere zu verlassen.

Misserfolg kann Sie Gott näher bringen.

Misserfolg ist ein kleiner Teil des großen Bildes.

Wenn Sie im letzten Jahr keinen Misserfolg erlitten haben, entwickeln Sie sich unzureichend.

Wachsen tut weh. Aber nicht zu wachsen richtet zugrunde.

Misserfolg ist ein Lehrer, der Ihnen zeigt, was Sie nicht tun sollten.

Versagen ist ein guter Anlass, Ihnen dabei zu helfen, öfter „Es tut mir leid" zu sagen.

Fehler sind Wege, Ihnen zu zeigen, dass Sie es nicht allein schaffen können.

Misserfolg ist ein Zeichen, innezuhalten, die Situation neu einzuschätzen und Kursänderungen vorzunehmen.

Misserfolg ist Teil des Lebens.

Scheitern war nie dazu bestimmt, Sie außer Gefecht zu setzen oder zu stoppen.

Fügen Sie Ihre eigenen kraftspendenden Wahrheiten über Versagen hinzu:

____

____

____

Wenn Sie sich in den Kopf setzen, dass Misserfolg Teil Ihrer Reise zum Erfolg ist – dass er für den Verlauf unumgänglich und notwendig ist – dann werden Sie anfangen, der Versuchung zu widerstehen, aufzugeben, wenn Sie Ihren ersten Streit haben, das erste Nein hören oder Ihren ersten Rückschlag erleben. Sie werden bei Ihrem allerersten oder Ihrem einundachtzigsten Nein frei von Selbstzweifel, Depression und Sorge sein.

„Der Unterschied zwischen Größe und Mittelmäßigkeit liegt oft in der Art und Weise, wie ein Einzelner einen Fehler sieht.“

– Nelson Boswell

Ablehnung zurückweisen

Für den Verkäufer ist Ablehnung die schlimmste Form des Versagens. Sie fühlen den stechenden Schmerz des Versagens mit jedem Nein, das sie bekommen. Es lässt sie erstarren, sie fühlen sich außerstande sich zu bewegen.

Niemand möchte zurückgewiesen werden, nicht wahr? Falsch! Es gibt eine Art von Mensch, dem Ablehnung nichts ausmacht. Vielmehr baut dieser Mensch darauf – er sucht sie sogar und heißt sie willkommen!

Ein solcher Mensch kennt das Gesetz des Durchschnitts. Er oder sie weiß, dass auf einen Erfolg zehn Ablehnungen kommen. Wenn Sie einmal die Wahrheit über das Gesetz des Durchschnitts kennen, werden Sie Ablehnung nie mehr so düster sehen. Sie wissen dann, dass Ablehnung ein notwendiger Teil Ihrer Reise zum Erfolg ist.

Ich meine, Sie müssen sich fragen: „Bin ich bereit, die Neins zu hören, um die Jas zu bekommen?" Wenn Sie das nicht mit Ja beantworten können, dann geben Sie den Verkauf auf. Das Gesetz des Durchschnitts lügt nie und es muss, um Erfolg zu gewährleisten, akzeptiert und berücksichtigt werden.

Als ich für Mary Kay (Kosmetikfirma) arbeitete, habe ich mir das Gesetz des Durchschnitts ausgerechnet – die Anzahl der Kontakte im Verhältnis zur Anzahl der Verkäufe. Es war zehn zu eins. Pro zehn hergestellter Kontakte stimmte eine Person einem Termin für ein Verkaufsgespräch zu.

Dann rechnete ich aus, dass der Durchschnitt der Firma auf landesweiter Ebene für jede Bestellung etwa $ 200 einnahm.

Ich hatte mehrere Kopien eines Zwanzig-Dollarscheines gemacht und jedem aus meiner Gruppe einen gegeben. Dann fragte ich: „Wenn Sie pro Verkaufstermin $ 200 Umsatz machen und zehn Neins ein Ja einbringen, wie viel Geld bringt Ihnen dann jedes einzelne Nein?“

„Zwanzig Dollar,“ war die Antwort

Ich hielt die Kopien der Zwanzig-Dollarscheine in die Höhe und sagte meinen Leuten, sie sollten sie auf ihr Telefon kleben. Jedes Mal, wenn sie ein Nein erhalten, sollen sie auflegen und sagen: „Danke für die zwanzig Dollar!“

Können Sie sich vorstellen, wieviel Kraft und Energie es einem verleiht, wenn man um das Gesetz des Durchschnitts weiß und es in sich aufgenommen hat? Sie sind dann wegen eines Nein weder frustriert, noch lassen Sie sich dadurch aus dem Konzept bringen. Sie werden einsehen, dass es ganz einfach dazugehört, damit man ein Ja bekommt. Und falls es Ihnen aufgefallen ist: das Geld liegt in den Neins!

Ich habe mich oft gefragt, warum Männer das Prinzip des Gesetzes des Durchschnitts besser zu akzeptieren scheinen als Frauen. Vielleicht weil es weitaus üblicher ist, ihren kleinen Sohn mit nach draußen zu nehmen, ihm einen Fußball zu geben und zu sagen: „Also mein Sohn, du wirst dein Ziel öfter verfehlen als treffen.“ So kann man sich das Gesetz des Durchschnitts bildlich vorstellen. Wenn Sie ausholen, werden Sie viel öfter ein Nein bekommen und mit Ablehnung und Versagen konfrontiert sein als Sie ein Ja bekommen, einen Verkauf tätigen oder einen Erfolg verbuchen.

Bereiten Sie sich darauf vor, dass Sie einige Beschwerlichkeiten auf sich nehmen müssen. Wenn Sie im Verkauf tätig sind, sind Ablehnung und Misserfolg unvermeidbar. Alle Menschen, egal welcher Rasse, welchen Beruf sie ausüben, oder wie alt sie sind, müssen sich mit Misserfolg auseinandersetzen. Für Menschen im Verkauf liegt das Geheimnis des Erfolges darin, dass sie das Gesetz des Durchschnitts anerkennen und sich voll auf ihre Anstrengungen konzentrieren.

Als Auriana fünf Jahre alt war und lernte, ihre Schuhe zuzubinden, sagt ich ihr: „Auriana, Du wirst jetzt wahrscheinlich siebenundzwanzig Versuche brauchen, bis du deine Schuhe richtig zubinden kannst." Diese Wahrheit half ihr dabei, mit der Enttäuschung umzugehen, dass sie die Schleife nicht beim ersten, zweiten oder zweiundzwanzigsten Mal binden konnte. Es war mir gar nicht bewusst, wie aufmerksam sie zugehört hatte. Denn einige Tage später kam sie zu mir gerannt und sagte: „Mami, du hast dich geirrt! Ich habe nur achtzehn Mal gebraucht, um meine Schuhe richtig zuzubinden!"

Die ansonsten unvermeidliche Enttäuschung blieb ihr erspart, weil sie wusste, dass sie es öfter vermurksen als schaffen würde. Dass ich eine willkürlich gewählte Zahl hatte, siebenundzwanzig Mal, bewahrte sie vor einer peinlichen Enttäuschung. Es gab ihr etwas Greifbares, auf das sie sich konzentrieren konnte.

Bei Ihnen ist es genau dasselbe. Wenn Sie die Verkäufe durchgehen, die Sie in der Vergangenheit abgeschlossen haben und sich den Durchschnitt ausrechnen – wie viele Kontakte nötig sind, bis Sie ein „Ja" bekommen – dann können Sie sich auf die eigentliche Arbeit konzentrieren und diese in tägliche Einheiten aufteilen, die auch zu schaffen sind. Sie schaffen die Enttäuschung über ein Nein aus der Welt, weil Sie es nicht als Ablehnung, sondern als einen Schritt näher zu einem Ja empfinden.

Nehmen Sie das Gesetz des Durchschnitts an! Bestimmen Sie genau, was Sie tun müssen, um die von Ihnen gewünschten Ergebnisse zu erzielen. Wie viele Neins müssen Sie akzeptieren, um ein Ja zu bekommen? Erstellen Sie einen präzisen Plan. Das wird Sie unweigerlich zum Erfolg führen, weil das Gesetz des Durchschnitts niemals lügt. Wenn Sie das Gesetz des Durchschnitts annehmen, werden Sie das Wort Nein nicht mehr fürchten sondern anfangen, es zu respektieren. Planen Sie genügend Neins in Ihr Leben ein, so dass Sie keine Angst mehr vor Ablehnung haben.

Schreiben Sie die Anzahl der Kontakte auf, die Sie herstellen müssen, um ein Ja zu bekommen.

Das Gesetz des Durchschnitts anzunehmen wird Ihnen auch helfen, Ihre negative Einstellung mit dem Wort Nein abzulegen.

Wenn ich einen Händler sagen höre: „Ich akzeptiere kein Nein als Antwort!“, zucke ich regelrecht zusammen. Sich auf diesen Guerilla-Verkaufsstil einzulassen ist einer der Hauptgründe dafür, dass Verkäufer aufhören, obwohl sie erfolgreich sind.

Wenn Sie das Wort Nein respektieren und den Leuten gestatten, Nein zu Ihnen zu sagen, tun Sie sich selber einen Gefallen. Sie brauchen nicht diesen rechthaberischen, energischen Verkäufer spielen, der anderen das letzte Hemd auszieht und ein Nein als Antwort nicht akzeptiert.

Denken Sie daran, wenn ein potentieller Kunde, dem Sie Ihr Produkt erklärt und alle Vorzüge aufgezählt haben, bei dem Sie alles nur Mögliche getan haben, um ihn zu überzeugen, schließlich immer noch Nein sagt, dann, um Himmels willen, halten Sie sich doch nicht länger auf! Möchten Sie so jemanden wirklich als Kunden oder in Ihrer Organisation, auch wenn er Sie partout nicht will? Nein! Suchen Sie sich lieber jemand anderen, jemand der das möchte! Ihnen entgehen zu viele Leute, die Ihr Produkt wollen, wenn Sie Ihre Zeit damit verschwenden, diejenigen zu überzeugen, die wirklich nicht wollen.

Wenn Sie für das Wort Nein eine Atmosphäre des Respekts schaffen, so helfen Sie damit nicht nur sich selbst, anderen mit Selbstvertrauen zu begegnen. Die Menschen werden auch anfangen, auf Sie zuzugehen. Sie werden sich selbst als jemand sehen, der den „richtigen“ Personen wertvolle Informationen und eine echte Gelegenheit bieten kann. Das Wort Nein zu respektieren, kann Ihnen helfen, Ihren Mut wieder zu erlangen.

Ihren Mut wieder erlangen

Ihr Mangel an Mut kostet Sie – eine Menge! Mangel an Mut beeinflusst Ihre Beziehungen, Ihre Verkäufe, das Ausmaß Ihres Erfolges und Ihre Fähigkeit, ein authentisches Leben zu führen. Es ist dieser Mangel an Mut, der Sie davon abhält, die Beziehung zu führen, die Sie immer wollten. Es ist Mangel an Mut, der Sie daran hindert, das Telefon abzuheben und ein Verkaufsgespräch zu führen. Es ist Ihr Mangel an Mut, der verhindert, dass Sie befördert werden. Und es ist Mangel an Mut, der Sie davon abhält, etwas leicht Anstößiges zu tun, damit Sie das bekommen, was Sie wollen.

Menschen, denen es an Mut fehlt, haben etwas ganz Wichtiges verloren: Hoffnung. Und wenn jemand die Hoffnung verliert, dann verliert er die wichtigste Triebfeder für jeglichen Erfolg. Ohne Hoffnung verzweifeln die Menschen. Sie werden sogar blind für Gelegenheiten. Dieses Leben voll Verzweiflung wird zur Gewohnheit. Aber, wie jede Gewohnheit können Sie auch dieses negative Verhalten abstellen, indem Sie Ihre Einstellung ändern.

Glauben Sie an Ihre Träume? Glauben Sie an sich selbst? Glauben Sie an einen lebenden, liebenden Gott und seine grenzenlose Kraft? Glauben Sie, dass Sie alles haben, was Sie für ein funktionierendes Leben brauchen? Glauben Sie, dass Ihnen alle Kraft zur Verfügung steht, durch den Einen, der die Kraft erschaffen hat? Glauben Sie, dass Sie durch Ihre angeborene Begabung zur Risikobereitschaft grenzenlosen Mut haben?

Nein? Aber das war nicht immer so! Denken Sie an Ihre Kindheit zurück. Ihre Fähigkeit zu Mut und Hoffnung war sogar unglaublich. Als Sie ein Kind waren, prägten Ihre Hoffnungen Ihr Verhalten. Ihr Staunen über das Leben bestimmte Ihr Handeln. Ihre Fähigkeit zur Risikobereitschaft nährte Ihren Glauben, dass es nichts gäbe, was Sie nicht können! Dieser Glaube war kein

Zufall. Dieser Glauben war nicht einmal außergewöhnlich. Alle Menschen besitzen eine angeborene Fähigkeit, Risiko auf sich zu nehmen.

Stellen Sie sich Folgendes vor: Ein einjähriger Junge sieht zum ersten Mal eine Treppe. Was glauben Sie, geht ihm durch seinen Kopf, wie er da steht und dieses aufregende, neue „Etwas" hinaufschaut? (Wenn Sie jemals mit Kindern zu tun hatten, wissen Sie es!) Wahrscheinlich denkt er sich: „Toll! Da muss ich hinauf!"

Er steht nicht unten an der Treppe und denkt: „Ich möchte gerne da hinauf, aber ich tu`s lieber nicht. Ich könnte mir wehtun." Oder: „Was würde meine Mama sagen? Ich könnte Ärger bekommen." Er steht nicht da unten und denkt: „Ich möchte da gerne hinauf . . . Aber, was würden meine Freunde über mich sagen? Sie könnten mich auslachen." Er hatte nicht einen negativen Gedanken. Nein! Er fing einfach an. Er konzentrierte sich auf sein Ziel und ließ keinen negativen Gedanken aufkommen, der seine Konzentration auf diese wunderbare neue Vorrichtung zerstören würde.

Jeder von Ihnen, der dieses Buch liest, kennt das Gefühl von Freude und Begeisterung, von dem dieses kleine Kind erfüllt war, während es über diese Treppe nachdenkt – denn diese Geschichte handelt von IHNEN! Sie waren einmal ein Kind mit so viel Erstaunen über die Dinge, dass auch Sie unten an der Treppe standen und dachten: „Toll! Da muss ich hinauf!"

Wir sind alle mit einer natürlichen Begabung zur Risikobereitschaft zur Welt gekommen. Denken Sie an zwei Kleinkinder, die sich zum ersten Mal treffen. Sie müssen sich nicht beim Namen kennen, um Spielkameraden zu sein; sie steigen einfach in das Spiel ein. Sie sehen das nicht als großes Risiko, weil Risiko einfach ein Teil ihres täglichen Lebens ist. Für ein Kind gibt es keine Angst vor Risiko. Alle Menschen wurden dazu erschaffen, etwas zu riskieren. Alle Menschen haben eine natürliche, gottgegebene Fähigkeit zur Risikobereitschaft.

Am Beginn unseres Lebens sind wir Geschöpfe der Hoffnung, des Lachens und erfüllt von großem Mut. Aber inzwischen und das gilt für fast alle, die dieses Buch lesen, hat das Leben seine Spuren hinterlassen. Ihre Lebensumstände, das kulturelle Umfeld, selbstbegrenzende Ansichten, schlechte Angewohnheiten und negative Menschen haben jeweils ihren Teil dazu beigetragen, dass ein Gefühl der Ernüchterung eingetreten ist. All diese Einflüsse zerstören Ihr kindliches Denken und Ihren Abenteuergeist in vielerlei Hinsicht und auf so viele Arten, dass man es gar nicht zählen kann und dem nichts entgegen zu setzen hat.

Dennoch entspricht das sichere Leben nicht Ihrer Natur! Sie wurden geboren, um etwas zu wagen! Sie wurden geboren, um zu träumen! Es liegt in Ihrer Natur zu träumen und Risiken einzugehen. Es liegt in Ihrer Natur das Risiko zu suchen und Mut zu entwickeln. Wenn Sie das Träumen, das Eingehen von Risiken, den Sinn für das Staunen, Lachen, Mut und Spaß zu einem Teil Ihres Lebens machen, dann werden Sie Ihren natürlichen, angeborenen Zustand wiederfinden. Es liegt an Ihnen, diese Dinge in Ihr tägliches Leben einzubinden. Das Großartige an dieser Wahrheit ist, dass eine mutige Tat zur nächsten führt und so allmählich eine Mentalität entsteht, die von Mut geprägt ist.

Lassen Sie Ihre natürliche Fähigkeit, Ihren Mut zum Risiko, wieder aufleben. Machen Sie heute etwas, das ein klein wenig unverschämt ist! Es hat etwas, wenn man dann und wann außerhalb der Norm agiert; das erinnert uns daran, wie groß und reich das Leben sein kann.

Steven Covey, Autor von *Sieben Wege zur Effektivität*, hat einmal gesagt: „Aus der Tiefe unseres wahren Wesens kommt die Kraft zum Mut, welcher der Grundstein jeglichen Erfolges ist."

Einmal, als ich mich gerade für eine Präsentation beim Verein der Geschäftsfrauen fertig machte, kam Auriana (sie war damals vier Jahre alt) mit einem besonderen Anliegen zu mir. Ich sollte an diesem Tag gemeinsam mit einigen „Berühmtheiten“ auf der Bühne stehen und meine Kinder wollten an allem teilhaben.

„Würdest Du mir bitte ein Foto von dir mit Mary Hart machen?“ fragte sie. Das mag für ein vierjähriges Mädchen eine ungewöhnliche Bitte sein – es sei denn, man weiß, dass es von Mary Hart ein Album mit Wiegenliedern gab, die wir uns jeden Abend anhörten. Und somit stand Mary Hart damals auf einer Ebene mit Stars wie Mickey Mouse und Barney Geröllheimer!

„Na klar mach‘ ich das!“ sagte ich und küsste sie zum Abschied.

Also suchte ich Mary Hart nach ihrer Präsentation auf und bat sie um den kleinen Gefallen. Sie sah ihren Manager an, der schaute auf seine Uhr und sie erwiderte: „Tut mir leid, ich habe keine Zeit für ein Foto.“ Und damit machte sie Anstalten zu gehen.

„Wie bitte?“ dachte ich mir, „keine Zeit für ein Foto?“ Ich wusste, ich musste mir schnell etwas einfallen lassen, vielleicht ein bisschen aus dem Rahmen fallen, um zu bekommen, was ich wollte. Das Nächste, an das ich mich erinnere ist, dass ich in der Hotellobby stand und vor Hunderten von Leuten anfing, ein Lied zu singen … nicht irgend ein Lied, sondern eines der Lieder von Mary Harts CD. Ich sang das Lied, das sie für ihren Sohn A.J. geschrieben hatte.

Mary Hart drehte sich überrascht um und meinte mit einem Lächeln: „Ich denke, ich habe Zeit für ein Foto!“

Was sind Sie bereit zu tun, das ein klein wenig unverschämt ist, ein bisschen außerhalb des Gewöhnlichen, um das zu bekommen, was Sie wollen? Trauen Sie sich mehr! Nehmen Sie sich ein Herz, verlassen Sie Ihre „Wohlfühl-Ecke“ und probieren Sie einmal etwas ganz anderes! Vielleicht sollten Sie einfach einmal etwas Verrücktes tun, um dem Alltagstrott zu entkommen. Vielleicht sollten Sie beruflich einmal aus der Rolle fallen, damit Sie wieder neu durchstarten können. Vielleicht braucht Ihre Ehe einfach nur eine kleine Abwechslung, etwas außerhalb des Alltäglichen, damit wieder Leben in Ihre Beziehung kommt.

Was sind Sie bereit zu tun, das ein wenig aus dem Rahmen fällt und etwas Mut erfordert? Eine einzige ausgefallene Handlung kann für Sie der Auslöser sein, eine mutige Denkweise zu entwickeln.

Pflegen Sie Ihr kindliches Denken!

Eine Studie hat ergeben, dass sich mehr als die Hälfte der Gedanken eines Menschen mit Alltagskram beschäftigen, zum Beispiel Telefonate erledigen, Rechnungen zahlen, Kontakte knüpfen, das Haus sauber machen, die Kinder zur Schule bringen, und was sonst noch auf der Liste steht.

Wir werden derart von unserem Alltag überrollt, dass wir die Möglichkeiten direkt vor unserer Nase übersehen. Wissenschaftler haben auch herausgefunden, dass mehr als die Hälfte der Händler und Verkäufer eine Gelegenheit nur deshalb verpassen, weil sie sie schlichtweg verschlafen.

Eine der Möglichkeiten, diesen Kreislauf zu durchbrechen und Ihr Talent zur Risikobereitschaft zu pflegen, ist Ihr kindliches Bewusstsein wieder aufleben zu lassen! Lassen Sie sich vom Leben wieder in Staunen versetzen. Denken Sie an die Frau, die ihr eigenes Geschäft begonnen hat. Sie hatte eine unwiderstehlich kindliche Einstellung zu ihrem neuen Abenteuer.

Oder an den Chef, der sein kindliches Denken pflegt in einer Art und Weise, wie er seine Mitarbeiter führt und motiviert. Oder an die Eltern, die sich in der Rolle als Eltern auch einen Sinn für Spaß und Abenteuer bewahrt haben.

Als ich einmal mit meiner Tochter draußen saß, sagte sie: „Mama, wusstest Du, dass es keine Baby-Schmetterlinge gibt?“

Sie sah meinen verwirrten Blick und fuhr fort: „Die Raupe kommt aus dem Kokon und ist ein erwachsener Schmetterling. Er ist nie ein Baby.“ Sie hat recht. Kinder haben einen derart ausgeprägten Sinn für das Einzigartige. Wie steht´s mit Ihnen? Was werden Sie heute entdecken oder mit Erstaunen betrachten? Schärfen Sie Ihren Sinn für Wunder! In der heiligen Schrift steht, dass jeder Stern einen Namen trägt. Erstaunlich! Erkunden Sie die Wunder Ihres Schöpfers. Werden Sie sich der großen und kleinen Freuden intensiv bewusst, die das Leben dem Auge und dem Ohr, der Nase, der Zunge und der Haut zu bieten hat. Wenn Sie Ihr kindliches Denken pflegen und anfangen, das Leben mit Staunen zu betrachten, werden Sie eine kreative Seite an Ihnen wecken, die Gelegenheiten und Möglichkeiten sieht, für die der Durchschnittsmensch blind ist.

Denken Sie großzügig!

Weigern Sie sich zu sagen, „Das wirkliche Leben ist nun einmal anders“. Wenn Sie eine Beziehung zu Gott haben, befinden Sie sich außerhalb des realen Lebens. Sie befinden sich im Bereich der übernatürlichen Macht Gottes. Widerstehen Sie der Versuchung, immer auf der sicheren Seite zu sein.

Weigern Sie sich zu sagen, „Ich bin zu alt dafür.“ oder: „Dafür fehlt mir die Zeit.“ oder: „Ich habe es schon vergeblich versucht.“ Gönnen Sie sich ihren Spaß und Abenteuer. Manchmal sollten Sie sich einfach einen kleinen Luxus leisten und Ihrer Fantasie und Ihrem Herzen freien Lauf lassen. Oft bestimmen solch große Gesten den Kurs Ihres Lebens. Es ist nicht nur die Blume selbst, die das Leben interessant machen kann, sondern auch die Bereitschaft, die Blume zu bewundern und ihren Duft zu riechen, bringt Abenteuer in Ihr Leben. Denken führt Sie zu großzügiger Liebe, zu großzügigen Menschen und Dingen. Allmählich wird Großzügigkeit zu einem Teil Ihres Lebens werden.

Lassen Sie Zeit für glückliche Zufälle in Ihrem ausgefüllten Terminplan? Oder ist Ihre Liste so lang, dass keinerlei Zeit für Überraschungen bleibt? Nehmen Sie sich Zeit für Spaß? Wann haben Sie das letzte Mal gelacht? Ich meine wirklich gelacht – richtig aus dem Bauch heraus, so dass Ihnen die Tränen über die Wangen gelaufen sind? Ich habe einmal gehört, dass man, um seine Gesundheit zu erhalten, zehn Sekunden täglich laut lachen muss. Das ist nur zur Erhaltung der Gesundheit. Was, wenn Sie Ihre Gesundheit erst wieder herstellen müssen? Wie viele Sekunden lautes Lachen braucht man dann pro Tag?

Wenn Sie lachen, setzt Ihr Körper eine natürliche Substanz mit endorphinähnlichen Eigenschaften frei. Diese natürlichen Antikörper heißen Endorphine und sind Ihre körpereigene Kraftquelle, die Sie gesund, glücklich, kreativ und lebendig hält!

Bedenken Sie, Menschen sind die einzigen Geschöpfe mit der Fähigkeit zu lachen. Wir sind die einzigen Geschöpfe mit einem Sinn für Humor! Also, nutzen Sie dieses einzigartige Geschenk! Erfüllen Sie Ihren Tag mit mehr Lachen! Legen Sie mehr Abenteuer in Ihren Tag. Sie sind der einzige Mensch, der Ihr Leben aufregender gestalten kann.

„Die Show"

Der Wecker fing heftig an zu klingeln. Als ich diesen nervenaufreibenden Lärm nicht länger aushielt, quälte ich mich widerwillig aus dem Bett, um ihn abzustellen. Es war erst halb fünf morgens - zu früh, um an einem freien Tag aufzustehen. Aber ich hatte meinen drei Kindern versprochen, dass wir diesen Morgen am Strand verbringen würden, um den Sonnenaufgang zu beobachten.

Sie sprangen natürlich gleich aus dem Bett, voll Aufregung, weil sie „die Show“, wie sie es nannten, sehen wollten. Als ich mich geduscht hatte, verschwand meine Müdigkeit und bevor ich mich versah, saßen wir alle auf einer Decke, unsere Blicke auf den Horizont fixiert und warteten auf die „große Show“. Es war fünf Minuten nach sechs.

Nur eine viertel Stunde später, wir schauten immer noch gebannt auf den Horizont, erlebten wir den schönsten Anblick, den wir je gesehen hatten.

„Mama, schau! Die Sonne macht die Wolken violett – deine Lieblingsfarbe!“ kreischte Beau.

„Das ist besser als ein Feuerwerk!“ schrie Auriana. „Toll! Passiert das jeden Morgen, Mama?“ fragte Connor.

Ja! Das passiert jeden Morgen. Wann haben Sie das letzte Mal „die Show“ gesehen? Wir sind so viel künstlicher, von Menschenhand gemachter Schönheit ausgesetzt und vergessen dadurch nur allzu oft auf das allergrößte Abenteuer: den einzigartigen, wahren und von Gott gegebenen Schatz der Natur! Vergessen Sie nicht, sich an Ihrem nächsten freien Tag „die Show“ anzusehen.

Träumen Sie im großen Stil!

Ein großer Traum erfordert Mut. Dieser Mut wird wachsen, wenn Sie Ihrer Neugier folgen. Wenn Sie sich von Ihrer Neugier führen lassen, entdecken Sie eine in Vergessenheit geratene, kreative Seite an Ihnen wieder.

Wann haben Sie das letzte Mal gesagt: „Ich habe eine verrückte Idee!“ Seien Sie nicht zu stolz, Ihrer Neugier zu folgen. In der Biografie von Bill Gates wird er mit folgenden Worten zitiert: „Wir sagen unseren Mitarbeitern immer, dass sie, wenn nicht mindestens drei Leute über ihre Idee lachen, wahrscheinlich nicht kreativ genug sind.“ Haben Sie den Mut, Ihre Neugier und Ihren großen

Traum zu verfolgen!

Der einzige Unterschied zwischen einem Traum und der Realität ist AKTIVITÄT. Unerfüllte Träume sind nur Träume, die nie aktiv verfolgt worden sind. Die Gefahr bei diesen unerfüllten Träumen ist, dass sie allmählich Ihren Erfolg in anderen Bereichen Ihres Lebens negativ beeinflussen.

Welchen Traum haben Sie auf später verschoben? Klavier spielen zu lernen? Ein weit entferntes Land zu besuchen? Tanzunterricht zu nehmen? Ein Fußballstar zu sein? Was könnten Sie unternehmen, um der Erfüllung dieser Träume näher zu kommen?

Welchen kleinen Schritt in Richtung Ihres Traumes könnten Sie genau jetzt setzen? Ich kann Ihnen gar nicht oft genug sagen, wie nachhaltig dieser kleine Schritt des Handelns Ihre Erfolgsrechnung beeinflussen und eine erfolgsorientierte Einstellung bei Ihnen bewirken könnte. Entscheiden Sie, welchen kleinen Schritt Sie noch heute setzen werden, um Ihren Traum Wirklichkeit werden zu lassen.

Rufen sie einen Klavierlehrer an! Melden Sie sich im örtlichen Fußballverein an (und wenn es die Vierzig-Plus-Liga ist). Besuchen Sie eine Abendschule. Nehmen Sie sich einen Fremdsprachenlehrer! Rufen Sie ein Reisebüro an! Durchforsten Sie das Internet! Genau dieser eine, kleine zusätzliche Aufwand könnte den Ausschlag dafür geben, dass Sie Risiken künftig in bemerkenswerter Weise und beherzt auf sich nehmen!

Eine mutige Geschichte als Ausgangspunkt

Eine weitere, bestens geeignete Methode, Ihre Fähigkeit zur Risikobereitschaft zu trainieren ist, an etwas zurückzudenken, was Sie unter Aufwendung Ihres ganzen Mutes schon gemacht haben und was Sie sogar selbst überrascht hat. Wir Menschen haben die

Fähigkeit, auch unter widrigsten Umständen zu überleben. Und wir haben alle unsere Geschichten über mutige Handlungen.

Wenn ich meine Zuhörer nach den seltsamsten, mutigsten Dingen frage, die sie jemals getan haben, erfahre ich die unglaublichsten Geschichten! Eine Dame erzählte: „Ich habe ein Segelboot gekauft, ohne überhaupt zu wissen, wie man segelt. Ich liebe einfach das Wasser und wollte so viel wie möglich im und auf dem Wasser machen. Also habe ich mir das Boot gekauft und jetzt muss ich segeln lernen."

Eine andere Dame sprang auf und rief: „Ich habe in einer Bar einen Mann getroffen, mich verliebt und ihn geheiratet!" Diese konservative Frau hat ignoriert, was „die Leute" sagen, ihre Chance beim Schopf ergriffen und es hat funktioniert. Ein Mann rief: „Ich habe mich für ein Jahr beurlauben lassen und eine Rucksacktour durch Europa gemacht!"

Eine sehr schüchterne junge Frau stand auf und sagte: „Ich habe eine Dinnerparty für meine drei Freunde gegeben und zum ersten Mal seit acht Jahren Gäste bei mir zu Hause bewirtet."

Was haben Sie Herausragendes getan? Risikobereitschaft ist wie Schönheit. Sie liegt im Auge des Betrachters. Was für den einen ein großes Risiko ist, ist für den anderen ganz leicht. Vergleichen Sie die Höhe des Risikos, das Sie eingehen, nicht mit anderen, sondern mit dem, was Sie selbst in der Vergangenheit getan haben.

Notieren Sie die sieben mutigsten Dinge, die Sie in Ihrem Leben gemacht haben:

____________________ ____________________

____________________ ____________________

____________________ ____________________

____

Träume gemischt mit einer Vision = REALITÄT

Vor Jahren, als ich für eine Firma im Direktvertrieb tätig war, setzte ich mir während einer Tagung des Unternehmens ein Ziel: Ich wollte bis zur nächsten Tagung im Jahr darauf die höchste Einkommensstufe erreicht haben. Das Erste, was ich tat, um mir selbst bei der Erreichung dieses scheinbar unmöglichen Zieles zu helfen, war, mir eine Vision für meinen Erfolg zurecht zu legen.

Am Ende der besagten Tagung ging ich hinter die Bühne – als der Zuhörerraum leer war – und schritt, zehntausend leere Sitze vor Augen, auf diese Bühne hinaus. Ich stellte mir vor, wie ich in einem königsblau-silbernen Abendkleid die fünfzehn Stufen (ich habe sie gezählt!) zu einem jubelnden Publikum, darunter meine Freunde, Kollegen und meine Familie, hinuntergehe. Ich spielte dieses eindrucksvolle Bild immer und immer wieder vor meinem geistigen Auge ab und schuf so eine emotionale Bindung an dieses Ziel. An Tagen, an denen ich mich überhaupt nicht danach fühlte, den Telefonhörer in die Hand zu nehmen, um ein weiteres Verkaufsgespräch zu führen, stellte ich mir wieder jene fünfzehn Stufen vor, spielte die Szene, die ich mir ausgedacht hatte, ab und brachte die Kraft auf, mich zu konzentrieren und weiter zu machen.

Ein Jahr später ging ich tatsächlich auf diese Bühne und lebte die Vision, die ich während der vergangenen zwölf Monate in meinem Geist durchgespielt hatte, aus! Die jubelnden Freunde, das verdiente Geld, das Gefühl von Stolz – das alles wäre nicht zustande gekommen ohne diese Sechzig-Sekunden-Vision, die ich mir ausgedacht und so viele Male im Laufe des Jahres wieder abgespielt hatte.

Wirklich spirituelle Menschen haben den Freiraum zu träumen. Sie wissen, dass alles, was sie sich erträumen, zu schaffen ist, weil sie daran glauben, dass Gott ihnen alles, was sie dazu brauchen, bereitstellen wird. Sie denken anders, glauben anders, träumen anders und handeln anders. Und aufgrund ihrer erweiterten Denkweise erhalten sie auch Gottes reiche Gaben.

Gott möchte, dass seine Leute ein Teil der Welt sind. Obwohl viele Lebenssituationen Ernsthaftigkeit erfordern, so heißt das nicht, dass Sie sich nicht mehr freuen dürfen, oder Ihr erweitertes Denken aufgeben müssen. Selbst in schwierigen Situationen können Sie Freude erleben und weiter große Träume haben, weil Gott Sie liebt und Ihnen seinen reichen Segen gibt.

Ich weiß, dass diese Art von Glauben in unserer heutigen Welt unpopulär ist. Unsere Freude basiert größtenteils auf dem, was uns gehört, anstatt darauf, wem wir gehören. Unser innerer Friede basiert zum größten Teil auf dem, was wir erreichen können, anstatt darauf, wer durch uns wirkt. Sie gehören Gott und Gott liebt Sie über alle Maßen. Aus dieser Tatsache allein können Sie Ihren Mut schöpfen. Gottes wahre Natur ist der Überfluss. Und er möchte seinen Überfluss mit Menschen teilen, die an Ihn GLAUBEN und Ihn um etwas BITTEN.

Ich habe einmal ein Märchen gehört von einem Mann, der im Himmel ein gewaltiges Bauwerk vorfand. In dem Gebäude entdeckte er Reihe an Reihe ordentlich gestapelte Kästchen, jedes mit einer seidenen Schleife zugebunden. Als der Mann das Kästchen mit seinem Namen fand, riss er es schnell auf. In dem Kästchen fand er all die Segnungen, die Gott ihm, während er auf der Erde weilte, geben wollte … aber er hatte nie darum gebeten.

Haben Sie Gott jemals um seinen Segen gebeten? Haben Sie Gott jemals um einen besseren Geschäftsgang gebeten? Wann hat Gott das letzte Mal durch Sie gewirkt, so, dass Sie ohne Zweifel wussten, dass es Gottes Werk war?

Wenn Sie Ihn um etwas bitten, wird sich seine Kraft zeigen. Je größer die Bitte ist, desto mehr brauchen Sie Ihn und Seine Kraft. Haben Sie den Mut, zu einem großen Traum und bitten Sie um

Gottes reichlichen Segen für Ihren Traum.

Gottes Großzügigkeit ist nicht nur für Apostel, Propheten und Theologen reserviert. Seinem reichen Segen sind nur durch Sie selbst und Ihre Bereitschaft zu bitten, Grenzen gesetzt.

Durch einfaches, ernst gemeintes Gebet können Sie Ihre Zukunft verändern. Ich kann Ihnen nur wärmstens empfehlen, diese übersinnliche Dimension in Ihr Leben einzuschließen!

„Misserfolg ist gar nicht so schlimm, wenn er nicht das Herz befällt. Erfolg ist in Ordnung, wenn er nicht zu Kopfe steigt."

– Grantland Rice

*„Ich würde lieber bei etwas,
scheitern, was mir Spaß macht,
als bei etwas erfolgreich sein,
was ich hasse."*

– George Burns

Kapitel 8

Besiegen Sie Ihre Angst vor Erfolg

Die meisten Menschen verbinden insgeheim einen enormen, nicht sichtbaren Schmerz damit, erfolgreich zu sein. Ihre Vorstellungen in Bezug auf Erfolg sind erschreckend! Die wahre Gefahr ist, dass ihnen nicht einmal bewusst ist, dass sie Angst vor Erfolg haben. Wer glaubt denn schließlich, dass man vor Erfolg Angst haben kann? Wir wurden alle dazu erzogen, nach Erfolg zu streben. Oder etwa nicht? Für viele ist es weniger die Angst vor Misserfolg, die sie daran hindert, ihr volles Potential auszuschöpfen. Es ist ihre Angst, es wirklich zu schaffen!

Nelson Mandela sagte in seiner Antrittsrede im Jahr 1994 Folgendes:

Unsere zutiefst empfundene Angst ist nicht,
dass wir unzulänglich sind.

Unsere zutiefst empfundene Angst ist,
dass wir über alle Maßen mächtig sind.

Es ist unser Licht, nicht unsere Dunkelheit,
das uns am meisten ängstigt.

Wir fragen uns, was bilde ich mir ein, dass ich mich für brillant, großartig, talentiert und fabelhaft halte?

Wer können Sie eigentlich nicht sein?

Sie sind ein Kind Gottes.

Es dient der Welt nicht, wenn Sie sich kleiner machen.

Understatement, nur damit sich andere Menschen in Ihrer Nähe nicht verunsichert fühlen, hat nichts Erhebendes.

Wir wurden geboren, um die Herrlichkeit Gottes deutlich zu machen, die in uns ist. Sie ist nicht nur in einigen von uns; sie ist in jedem.

Und wenn wir unser eigenes Licht scheinen lassen, geben wir anderen Menschen unbewusst die Möglichkeit, dasselbe zu tun.

Weil wir von unserer eigenen Angst befreit sind, befreit unsere Gegenwart automatisch andere.

Diese Worte von Nelson Mandela haben mich sehr getroffen. Für mich war es also nicht die Angst vor Misserfolg, die mich davon abhielt, Risiken einzugehen und meine Träume zu verwirklichen! Es war die Angst, das Licht in mir scheinen zu lassen!

Vor fast dreizehn Jahren kündigte ich meine Stellung als Lehrerin, um mich voll meiner Rolle als Hausfrau und Mutter zu widmen. Als mein drittes Kind schulpflichtig wurde, begann ich von zu Hause aus zu arbeiten. Das Geschäft wuchs sehr schnell und ich musste einen Assistenten einstellen, der mir half, die rasante Vergrößerung zu bewerkstelligen.

Mein Leben schien ideal – von außen. Aber innerlich war ich in Aufruhr. Ich fühlte mich überhaupt nicht erfolgreich. Ich „passte" nicht in mein neues Leben des geschäftlichen Erfolges.

„Wie kann ich bei diesem Erfolg eine gute Mutter sein?", war einer meiner geheimen Gedanken. „Ich verdiene das alles nicht", war ein anderer. Zur selben Zeit sagte ich Dinge wie: „Wie kann ich alles schaffen?" – „Es verlassen sich jetzt so viele Leute auf mich." Ich hatte das Gefühl, dass ich, je mehr ich erreichte, unter immer größeren Druck geriet, meinen Erfolg aufrecht zu erhalten. Immer wieder ging mir durch den Kopf: „Wieso bilde ich mir ein, ein so erfolgreiches Geschäft leiten zu können? Ich war so lange „nur eine Mama".

Mein Erfolg brachte mir keinen Frieden und Erfüllung. Die Dämonen meiner negativen Einstellung zum Erfolg überschatteten die Freude über meine Leistung.

Obwohl ich in den Augen der anderen erfolgreich war, wusste ich, dass etwas fehlte. Meine Erfolgsgeschichte hätte so viel besser sein können.

So wie ich, könnten Sie fürchten, ein Topverkäufer zu sein und diesen Erfolg aufrecht erhalten zu müssen. Oder Sie fürchten eine Heiratszusage und die ganze Verantwortung, die sie mit sich bringt. Vielleicht fürchten Sie, in Ihrem Geschäft wirklich erfolgreich zu sein und sich dann damit auseinandersetzen zu müssen, dass Sie die Spitze erreicht haben und es jetzt nur noch abwärts gehen kann (zumindest glauben Sie das). Oder aber Sie fürchten, dass Sie den Erfolg nicht verdienen und eines Tages „auffliegen".

Wenn Sie sich fühlen, als wären Sie dem einfach nicht gewachsen und glauben, dass Sie zu wenig tun, zu wenig arbeiten, zu wenig Zeit mit Ihren Kindern oder Ihrem Ehepartner verbringen, zu wenig beten, zu wenig unternehmen oder dass Sie zu unbedeutend sind, um erfolgreich zu sein, dann mögen Sie sich selbst die meiste Zeit nicht. Sie befinden sich in einem persönlichen Krieg, der alles beeinträchtigt, was Sie tun.

Ich war mit meinen eigenen selbstbegrenzenden Überzeugungen und meiner Angst vor Erfolg in demselben Krieg versklavt. Ich war erst seit jenem Tag auf den Bermudas frei, als ich mich meiner Angst vor Erfolg stellte. Es war weder mein Ehemann noch meine Familie, noch meine Erziehung, die Firma, das kulturelle Umfeld oder die Wirtschaft, die mich daran hinderten, meinen

Erfolg zu genießen. Es lag an mir selbst. Es war meine Angst, meine selbstbegrenzenden Überzeugungen und mein Mangel an Vertrauen. Ich war der einzige Mensch, der diese drei „Erfolgskiller“ umschalten konnte.

Legen Sie sich fest!

Das Erste was ich tat, um meine Angst vor Erfolg zu besiegen, war, meinen Glauben zu pflegen. Ich erlegte mir selbst die Verpflichtung auf, jeden Tag Zeit mit Gott zu verbringen. Ich begann zu unterscheiden, was mir in meiner Kindheit über Gott beigebracht worden ist und was ich als Erwachsene zu glauben wählte. Ich beschäftigte mich intensiv mit meiner Religion. Und ich fand heraus, dass meine Kraft in meinem Glauben lag.

Der Tag, an dem ich endlich herausfand, dass es bei meiner Karriere, meiner Familie, diesem Buchprojekt und meinem Leben nicht um mich geht, war der Tag, an dem ich die Freiheit fand! Der Moment, in dem ich die Kontrolle aufgab und sie dem Einen übergab, der mich erschaffen hat, das war der Moment, ab dem ich frei war zu träumen, zu wagen und meinem Schicksal gerecht zu werden. Wenn ich an Gottes Plan für mich glaube, gibt es keinen Misserfolg.

Durch die Pflege meines Vertrauens gelang es mir, meine selbstbegrenzenden Überzeugungen zu überwinden und ich war bereit, der klaren Linie des Einen zu folgen, der meine Erfolgsgeschichte schon geschrieben hatte. Aus diesem starken Glauben heraus hatte ich den Mut, die nächsten Schritte zu meinem Durchbruch in Angriff zu nehmen.

Drei Schritte zu Ihrem Durchbruch

Mein Durchbruch bestand aus drei Schritten. Als Erstes musste ich meine wahre Angst erkennen und zugeben, dass ich tatsächlich Angst vor Erfolg hatte. Zweitens begann ich, meine negativen Überzeugungen und die Lügen aufzudecken, die ich mit Erfolg verbunden hatte. Drittens ersetzte ich die negativen Überzeugungen durch solche, die mir Kraft gaben. Wenn Sie diese drei Schritte befolgen und in Verbindung bringen mit Ihrem wachsenden Vertrauen, werden auch Sie Ihre Angst besiegen und das erreichen, was Sie wirklich wollen.

1. *Erkennen Sie Ihre wahre Furcht*
2. *Decken Sie Ihre negativen Überzeugungen auf*
3. *Nehmen Sie ein Glaubenssystem an, das Ihnen Kraft gibt*

Schritt 1: Erkennen Sie Ihre wahre Angst

„Die Angst vor Schmerz kann größer sein als der Schmerz selbst", war das Fazit, zu dem der Wissenschaftler Dr. Alexander Ploghaus in einer an der Universität Oxford durchgeführten Studie kam. Sein 1999 in der New York Times veröffentlichter Bericht legt nahe, dass die Angst vor der Angst sehr viel schlimmer ist, als jede tatsächlich empfundene Angst. Mit anderen Worten, die Angst vor Ablehnung ist viel schlimmer als die eigentliche Ablehnung. Die Angst vor Verpflichtung ist viel schlimmer als die eigentliche Verpflichtung zu irgendetwas oder irgendjemanden. Die Angst vor Versagen ist viel schlimmer, als wirklich bei etwas zu versagen. Die Angst vor Risiko ist viel schlimmer, als tatsächlich ein Risiko einzugehen. Die Angst vor Erfolg ist viel schlimmer, als tatsächlich Erfolg zu haben. Das Zitat Franklin D. Roosevelts aus seiner Antrittsrede klang niemals zutreffender: „Das einzige, was wir fürchten müssen, ist die Furcht selbst."

Dieses winzige, aus zehn Worten bestehende Zitat spricht Bände für mich! Als ich die Wahrheit über die Angst und die negativen Überzeugungen, die ich in Bezug auf Angst hatte, erkannte, wusste ich, ich war auf meinem Weg.

Schritt 2: Decken Sie Ihre negativen Überzeugungen auf

Das Buch *The Millionaire Next Door* von Thomas Stanley und William Dunko war ausschlaggebend dafür, dass ich meine negativen Ansichten über Erfolg erkannte. Dieses Buch hat mir die Augen für eine neue Definition des amerikanischen Millionärs geöffnet. 92 Prozent der amerikanischen Millionäre sind verheiratet; und von denen, die verheiratet sind, haben 95 Prozent Kinder und gehören traditionellen Familien an. Ein Viertel der amerikanischen Millionäre ist seit achtunddreißig oder mehr Jahren mit demselben Ehepartner verheiratet! Sie fahren Autos, die ein Jahr oder älter sind. Sie sind sehr fleißige Durchschnittsmenschen.

The Millionaire Next Door hat meine negativen Ansichten bezüglich Erfolg und erfolgreiche Menschen ins Wanken gebracht. Die Studie zeigt, dass amerikanische Millionäre Menschen sind, die starke Grundwerte haben – denen unserer Vorfahren und Ahnen sehr ähnlich. Ihre Ehe und Ihre Familien sind ihnen sehr wichtig und sie bemühen sich laufend darum. Sie übernehmen gerne Verpflichtungen und Verantwortung. Unannehmlichkeiten und Misserfolg begegnen sie mit Mut. Sie setzen sich hohe Ziele im Leben und planen über die eigene Generation hinaus. Der amerikanische Millionär weiß, wer er ist, kennt seine einzigartige Berufung und lässt sich bei jeder Entscheidung, die er trifft, von seinen Werten leiten. Amerikanische Millionäre sind ganz normale Menschen – so wie Sie und ich.

Ich begann, meine Ansichten in Bezug auf Erfolg zu revidieren. Überall in meiner Wohnung und in meinem Büro platzierte ich die nachstehenden Fakten und motivierenden Vorstellungen zum Thema Erfolg, damit sie mir in Fleisch und Blut übergehen sollten.

Fakten zum Thema Erfolg

Erfolg bedeutet, das Leben zu leben, das Sie lieben.

Erfolg ist zu wissen, wer Sie in Gottes Plan sind.

Erfolg wird nicht immer am finanziellen Gewinn gemessen.

Finanzielle Sicherheit zu erlangen hat tatsächlich mit Ihrem Vertrauen auf Gott zu tun und damit, dass Sie sich auf Ihn verlassen, wenn es um die Erfüllung Ihrer Bedürfnisse geht.

Reich zu werden mag ein Teil Ihres Erfolges sein.

Geld gibt Ihnen Wahlmöglichkeiten.

Erfolgreiche Menschen haben Gleichgewicht in ihrem Leben.

98 Prozent der Millionäre in den Vereinigten Staaten sind seit mehr als zwanzig Jahren glücklich verheiratet.

Erfolgreiche Menschen können genauso gut spielen wie arbeiten.

Erfolg bedeutet, sowohl zu träumen als auch zu handeln, sowohl zu glauben als auch zu planen.

Geld ist nicht Ihr Gott.

Die LIEBE zum Geld ist die Wurzel allen Übels.

Erfolg gibt Ihnen die Möglichkeit, selbst über Ihre Zeit zu verfügen.

Es ist möglich, das Leben zu genießen und trotzdem wohlhabend zu werden.

Erfolg ist, sich an den einzigartigen Plan zu halten, den Gott für Sie bereit hält.

Es ist möglich, ein guter Vater oder eine gute Mutter zu sein und gleichzeitig erfolgreich zu werden.

Wenn Sie in einer Beziehung mit dem lebendigen Gott stehen, sind Sie schon erfolgreich.

Ich habe diese Liste motivierender Vorstellungen jeden Tag gelesen und fing an, meine negativen Ansichten zu ändern. Nach und nach haben diese Sätze meine Denkweise in Bezug auf Erfolg verändert und das half mir, die Art, wie ich mich verhielt, zu ändern. Meine Überzeugungen begannen, meine Verhaltensweisen zu beeinflussen.

Dass ich die Wahrheit über Erfolg gesucht und die Zeit mit Gott verbracht habe, hat mir geholfen, den Mut für den nächsten Schritt aufzubringen.

Schritt 3: Nehmen Sie ein Glaubenssystem an, das Ihnen Kraft gibt

Im Brief an die Hebräer 12: Vers 1-2 heißt es: *„Darum wollen wir alles ablegen, was uns in diesem Kampf behindert . . . und mit zäher Ausdauer wollen wir auch noch das letzte Stück bis zum Ziel durchhalten“*. Ich hatte jede Belastung und jede negative Ansicht über Erfolg abgelegt. Nun musste ich mit zäher Ausdauer das letzte Stück bis zum Ziel durchhalten. Bevor ich anfangen konnte, auf mein Ziel loszugehen und meine neuen Überzeugungen zu leben, musste ich wissen, wohin ich ging (was vor mir lag).

Ich musste wissen, was meine Lebensaufgabe war. Ich wollte wissen, dass ich auf dem richtigen Weg war, im richtigen Rennen und meine Zeit mit den richtigen Dingen verbrachte, bevor ich mein Letztes gab.

Es ist erstaunlich, wie leicht die Menschen ihre gottgegebenen Stunden und Tage mit Tätigkeiten vergeuden, die ihnen völlig egal sind und nichts mit ihrer Lebensaufgabe zu tun haben. Terminpläne und Tagesabläufe sind dazu da, Ihnen behilflich zu sein, nicht, um Sie zu beherrschen. Die Zeit der Sklaverei ist vorbei.

Wenn Sie kein eindeutiges Ziel und keinen größeren Plan im Sinn haben, dann bestimmen andere Ihr Tun. Wenn Sie jedoch ein Ziel für Ihr Leben haben, werden Sie auch nicht von Terminplänen anderer Menschen oder Versuchungen beherrscht. Ihre Lebensaufgabe zu kennen verschafft Ihnen die Klarheit und den Schwerpunkt, aus denen Ihr Mut wachsen kann. Klarheit verschafft Ihnen einen Schwerpunkt. Und ein Schwerpunkt im Leben verleiht Ihnen ungeahnten Mut und enorme Zuversicht.

Einer der besten Wege Ihr Lebensziel zu definieren ist, die drei wichtigsten Dinge aufzuschreiben, die Sie Ihren Kindern auf ihrem Lebensweg mitgeben möchten. Wenn Sie die Möglichkeit hätten, Ihre Kinder mit drei Grundwahrheiten über das Leben zu entlassen, welche würden das sein?

Schreiben Sie diese drei Punkte in die nachstehenden Zeilen.

____

____

____

Schreiben Sie jetzt sechs Wörter auf, von denen Sie möchten, dass sie in Ihrem Nachruf über Sie gesagt werden.

______________ ______________

______________ ______________

______________ ______________

Verfassen Sie abschließend eine Nachricht, die Sie zurücklassen würden, wenn Sie wüssten, dass heute Ihr letzter Tag wäre. Was würden Sie der Welt mit dieser letzten Mitteilung sagen wollen?

____

____

____

Blättern Sie zurück zur Liste Ihrer Talente und Kernwerte, die Sie weiter vorne in diesem Buch erstellt haben. Die Talente und persönlichen Umstände zur Erfüllung Ihrer Lebensaufgabe wurden Ihnen bereits gegeben. Diese „Nachricht“ spiegelt die Sehnsucht Ihres Herzens wider und bindet Ihre Talente und persönlichen Umstände mit ein.

Im Brief an die Hebräer 12, 1-2 heißt es: *Darum wollen wir alles ablegen, was uns in diesem Kampf behindert . . . und mit zäher Ausdauer wollen wir auch noch das letzte Stück bis zum Ziel durchhalten.*

Ich bin diesem Bibelwort gefolgt, indem ich meine negativen Überzeugungen durchbrach und alles ablegte, was mich in diesem Kampf behinderte. Gottes Bestimmung für mich und meine Lebensaufgabe wurde durch Gebet und Selbstbeobachtung völlig klar. Nun konnte ich den letzten Schritt abschließen und mit zäher Ausdauer bis zum Ziel durchhalten.

Einstellung ist immer noch alles

Wenn es um Ausdauer geht, sind Ihre Einstellung und die Art und Weise, wie Sie sich selbst, Ihr Leben und andere sehen *wollen*, entscheidend. Wenn Sie Ihren Glauben pflegen und Ihre Beziehung zum lebendigen, liebenden Gott wachsen lassen, verbessert sich auch Ihre Einstellung. Sie fangen an, die Dinge mit anderen Augen zu sehen. Die Farbe in Ihnen kann die Welt um Sie herum färben. Wenn Sie sich mit Gott verbinden, wird Er die schöne Farbe der Wahrheit und des Wissens in Sie legen. Und zwangsläufig werden schöne Dinge herauskommen.

In Psalm 139,17 steht: *Wie wertvoll sind Deine Gedanken über mich, oh Gott! Ich kann sie nicht einmal zählen; sie sind zahlreicher als Sandkörner!*

Gottes Gedanken über Sie sind wertvoll und zahlreich. Wenn Sie sich für diese Wahrheit entscheiden, werden Sie beginnen, ein erfülltes Leben zu führen. Wenn Sie sich dafür entscheiden, ein erfülltes Leben zu führen, fühlen Sie sich in jeder Hinsicht reich. Sie gehen mit Ihrer Zeit großzügig und freigiebig um und das wird Ihnen in gleicher Weise vergolten. Um in Ihrem Leben wirkliche Erfüllung zu erfahren, müssen Sie die Wahrheit, dass Gott Sie über alles liebt, annehmen. Wenn Sie sich diese Wahrheit aneignen, werden Sie ein anderes Leben führen. Sie werden Ihre Ansprüche an sich selbst und an Ihr Leben nach oben schrauben. Sie werden das Leben schätzen und sich nur mit Dingen umgeben, die Sie schätzen. Es ist unmöglich, sich armselig und unwürdig zu fühlen und gleichzeitig ein erfülltes Leben zu führen. Wenn Sie schätzen, wer Sie sind und was Sie tun, dann werden auch Sie geschätzt.

Erhöhen Sie Ihre Anforderungen!

Ich glaube, dass Menschen, die ein reiches Leben haben, es nicht haben, weil Sie alle nur erforderlichen materiellen Güter besitzen. Sie haben ein reiches Leben, weil sie keine Angst haben, wirklich zu leben und wirklich zu lieben! Sie sind bereit für ihre Familie, ihre Karriere, ihre Hobbys und in ihrem Leben alles zu geben, was ihnen möglich ist. Sie haben hohe Anforderungen an ihr Leben, in jedem Bereich. Sie legen höchsten Wert auf eine gesunde und glückliche Familie. Also tun sie alles, was nötig ist, um die Zeit und die Energie zur Erfüllung dieser Ansprüche aufzubringen. Sie haben hohe finanzielle Ansprüche. Also erlernen sie alles über Geldanlagen und bilden sich ständig weiter.

Sie haben hohe spirituelle Ansprüche. Also verbringen sie täglich Zeit mit Gott und studieren das Wort Gottes.

Ausgeglichenheit und Gleichgewicht haben ihre Ursache in einem hohen Anspruch an sich selbst und den eigenen Lebensstil. Sie verdienen das beste Leben, das Ihnen nur irgendwie möglich ist. Gott ruft uns zum Himmel auf Erden. Ich spreche nicht von dieser „Benenne es und fordere es ein" – Philosophie, die von vielen Kirchen ihren Gemeinden vermittelt wird. Ich spreche davon, das Beste zu erwarten, hohe Ansprüche an Ihr Leben zu stellen und dann alles zu tun, was in Ihrer Macht steht, um Gott bei der Erfüllung zu helfen.

*„Es könnte sein, dass Sie
eine Schlacht mehr als einmal
schlagen müssen, um sie
zu gewinnen".*

– Margaret Thatcher

„Sieger spielen so lange, bis sie ihre Sache gut machen."

– Billy Jean King

Auf die Ausdauer kommt es an

Ausdauer bedeutet, bei der Sache zu bleiben, egal wie schwierig sie ist. Problematisch wird es, wenn wir SOFORT Erfolg haben wollen. Wir überstürzen alles. Gehen Sie das Ganze mit mehr Zuversicht an! Es braucht Zeit, bis man besser wird. Es braucht Zeit, Gewohnheiten abzulegen. Es braucht Zeit, seine Ansichten zu ändern. Es braucht Zeit, bis man erfolgreich ist. Das Einzige, was nur einen Augenblick dauert, ist, wenn die Entscheidung fällt. Ist dieser Schritt gemacht, dann müssen Sie sich voll und ganz auf die Umsetzung konzentrieren.

Überstürzen Sie nichts! Ausdauer spielt eine wichtige Rolle auf Ihrem Weg zum Erfolg. Wenn Ihre Arbeit beginnt, Sie zu frustrieren, appellieren Sie an Ihre Zuversicht und Ihre Disziplin, um dieses Tief zu überbrücken.

Der Kreislauf des Erfolgs

Ich erinnere mich daran, als mein siebenjähriger Sohn Beau anfing, mir zu erzählen, dass er seine Hausaufgaben nicht mehr machen wollte. Er jammerte täglich: „Ich habe keine Lust, das zu machen!“ Wie hatte er sich doch verändert, der kleine, aufgeregte Erstklässler, der es nicht erwarten konnte, seine neuen Aufgaben zu bekommen und sie gleich fertig zu machen! Um seinem schulischen Erfolg auf die Sprünge zu helfen beschloss ich, eine der Erfolgsphilosophien, die ich in meinen Verkauftrainings lehrte, anzuwenden: Erfolg ist ein Kreislauf aus Begeisterung und Disziplin.

Erfolg entsteht immer aus Begeisterung. Begeisterung ist ansteckend! Sie hilft Ihnen, Ihre Aufgaben mit Leichtigkeit zu bewältigen. Wenn Sie sich aber lustlos fühlen, muss der zweite Teil des Erfolgskreises, die Disziplin, anlaufen. Ich achtete darauf, mit Beau zusammen zu sein, wenn ich gerade keine Lust hatte, meine Telefonate zu führen, Werbepakete zu verschicken oder die Wäsche zu machen – und fing dann einfach trotzdem mit meiner Arbeit an. Das Erstaunliche ist, dass Disziplin zu Resultaten führt und Resultate Begeisterung erzeugen. Es ist ein kontinuierlicher Kreislauf – „Der Kreislauf des Erfolges."

Was tun Sie, wenn Sie Ihren Enthusiasmus verloren haben, wenn Sie keine Lust haben, die nötige Arbeit zu machen, damit das Geschäft wächst? Besinnen Sie sich auf Ihre Disziplin, um diese Phase zu überbrücken! Legen Sie fest, wieviel Arbeit Sie an diesem Tag leisten werden. Vielleicht sind es zehn Telefonate oder fünfzehn Minuten Zeitaufwand. Wenn Sie diese Disziplin aufbringen und sich bemühen, zumindest einen Teil Ihrer Arbeit zu verrichten – und seien es auch nur kleine Schritte in Richtung Ihres Zieles, dann lebt Ihre Begeisterung wieder auf. Der Kreislauf bleibt in Bewegung.

Man kann den Kreislauf des Erfolges mit dem Recyclingsymbol, den drei, sich im Uhrzeigersinn bewegenden Pfeilen vergleichen. Im Erfolgskreislauf stehen die Pfeile für Disziplin, Resultate und Begeisterung. Für die Erfolgsgleichung sind alle drei erforderlich.

Als ich Beaus negative Gefühle anerkannte und erwiderte: „Manchmal musst du eben Dinge tun, die du gar nicht tun willst", setzte er sich hin und machte die Hälfte seiner Hausaufgaben, aus Disziplin angeheizt. Nachdem er damit fertig war, sah er, was er geschafft hatte und erledigte den Rest der Hausaufgaben mit Begeisterung.

Dieser Kreislauf des Erfolges funktioniert tatsächlich so, dass Ihre Begeisterung zurückkommt, wenn Sie Ihre Disziplin zu Hilfe nehmen, um eine Aufgabe abzuschließen. Sie werden wieder Feuer und Flamme sein – bis zum nächsten Mal!

Welche kleinen Schritte sind Sie bereit zu tun, selbst wenn Ihnen der Burn-out schon im Nacken sitzt? Bedienen Sie sich Ihrer Disziplin, um diese Durststrecke zu überwinden! Dann sind Sie, so wie Beau, nur noch wenige Schritte davon entfernt, dass Sie wieder mit Begeisterung ans Werk gehen.

Ausdauer ist ein erlerntes Verhalten. Sie kommt nicht von allein. Sie muss geübt werden. Wenn Sie auf Ihrem Weg in ein Tief geraten, dann vergessen Sie nicht, mit welchem Enthusiasmus Sie aufgebrochen sind – und der schlummert immer noch in Ihnen. Fachen Sie mit Hilfe Ihrer Disziplin das Feuer wieder an, das einmal in Ihnen gebrannt hat! Und sehen Sie in dieser Zeit der Frustration eine Gelegenheit für Neubewertung und Selbstprüfung, oder als eine Zeit, in der Sie sich Gott zuwenden, um Kraft zu sammeln. Ergänzen Sie Ihren Enthusiasmus durch Disziplin, und Sie werden bis zum Ziel durchhalten.

Haben Sie mehr Vertrauen! Sie werden Ihre Ängste besiegen, wenn Sie Ihr Vertrauen pflegen. Legen Sie jegliche Art Last ab und durchbrechen Sie Ihre negativen, selbstbegrenzenden Ansichten in Bezug auf Erfolg oder Misserfolg! Nehmen Sie ein Glaubenssystem an, das Ihnen Kraft gibt und erkennen Sie die Wahrheit über Gottes übergroße Liebe zu Ihnen und Seinen großen Plan für Ihr Leben.

Die Wahrheit wird Sie befreien, damit Sie mit Ausdauer und voll Kraft und Klarheit das bewältigen, was vor Ihnen liegt.

Nachwort

Bis sich unsere Wege wieder kreuzen, möchte ich Ihnen diesen letzten Gedanken mitgeben:

Wenn Sie Ihre Ziele erreichen und Ihren Erfolg auskosten, dann ist es nicht der Gewinn, den Sie am meisten schätzen werden. Nein, nicht der Gewinn, sondern der Stolz. Der Stolz darauf, wer Sie durch den Arbeitsprozess geworden sind und was Sie dabei gelernt haben. Der Stolz aus dem Wissen, dass Sie die Möglichkeit hatten, einen unsichtbaren Gott sichtbar zu machen. Gottes allumfassende Kraft hat sich in Ihrem Leben offenbart, als Sie sich dazu entschieden haben, Ihr Vertrauen zu finden, sich Ihrer Angst zu stellen, große Träume zu träumen und ein Glaubenssystem anzunehmen, das Ihnen Kraft gibt. So konnten Sie zu dem Menschen werden, zu dem Sie bestimmt waren. Dann können Sie einmal stolz sein auf das Vermächtnis, das Sie hinterlassen.

Gottes reichste Segenswünsche,

Lisa Jimènez

P.S. Vielen Dank, dass Sie diese Reise mit mir unternommen haben. Ich habe viele meiner persönlichen Kämpfe und Erfolge mit Ihnen geteilt. Ich möchte Sie einladen, dasselbe zu tun. Setzen Sie sich mit mir in Verbindung und teilen Sie Ihre Geschichte mit mir. Ich würde gerne erfahren, auf welche Art dieses Buch etwas in Ihrem Leben bewegt hat. (Bitte haben Sie Verständnis, dass ich nur Englische Emails beantworten kann)

Meine E-Mail-Adresse lautet: Lisa@conquer-fear.com

Die sieben Wahrheiten

1. Wahrheit:
Angst beherrscht heute Ihr Leben.

2. Wahrheit:
Angst ist eine Gabe, die Ihnen anerzogen wurde, um Sie zu schützen und Sie näher zu Gott zu bringen.

3. Wahrheit:
Wenn Sie vor Ihrer Angst davonlaufen oder sie verleugnen, lassen Sie das Geschenk ungeöffnet.

4. Wahrheit:
Wenn Ihre Angst vor Erfolg oder Angst vor Versagen aufgedeckt ist, hat sie keine Kontrolle mehr über Sie.

5. Wahrheit:
Ihr Glaubenssystem ist die treibende Kraft hinter Ihrem Verhalten und Ihren Ergebnissen.

6. Wahrheit:
Ihr Glaubenssystem, Ihre Angst und Ihre unerfüllten Bedürfnisse zeigen sich klar und deutlich in Ihren Alltagsgewohnheiten.

7. Wahrheit:
Ändern Sie Ihre Einstellung und Sie ändern Ihr Verhalten.
Ändern Sie Ihr Verhalten und Sie ändern Ihre Ergebnisse.
Ändern Sie Ihre Ergebnisse und Sie ändern Ihr Leben.

Über die Autorin

Lisa Jiménez hat Tausenden geholfen, ihre selbstbegrenzenden Überzeugungen zu erschüttern und endlich den Durchbruch zu schaffen und den Erfolg zu erlangen, den sie angestrebt haben. Wenn es um die Entwicklung der persönlichen Leistungsfähigkeit und unaufhaltbarer Dynamik geht, ist Lisa Jiménez eine der Besten.

Besiege Deine Angst! ist ein Handbuch für Ihren Weg zum Erfolg. Lisa Jiménez berichtet über ihre eigenen Erfahrungen, wie sie ihre selbstbegrenzenden Überzeugungen abgelegt und dadurch die Basis für ihren Erfolg geschaffen hat.

Von ihrer Doktorarbeit in Mitarbeiterführung an der Florida Atlantic University, über ihre beispielhafte Erfahrung, selbst ein Geschäft aufzubauen, bis zu ihrem Leben als Ehefrau und Mutter von drei Kindern – Lisa Jiménez vermittelt Ihnen eine freudige, kraftvolle Botschaft über Erfolg im Leben und in der Arbeit. Sie werden Ihren Antrieb, Ihren Mut und Ihre Risikobereitschaft wieder erlangen und „darauf brennen", Ihre Lebens- und Karriereziele zu verwirklichen.

Lisa Jiménez ist Autorin von mehreren Hörbüchern, Büchern und Coaching-Programmen zum Thema persönliche und berufliche Entwicklung. Sie lebt mit ihren drei Kindern Auriana, Beau und Connor in Florida.